Ernst Volland

GENUSSVOLL
VERZICHTEN

ORIGINALAUSGABE

BÜCHSE DER PANDORA

ERNST VOLLAND

Genussvoll verzichten

ORIGINALAUSGABE
BÜCHSE DER PANDORA

Originalausgabe
CODIGO 130619

Ausstattung und Gestaltung: Peter Grosshaus, Wetzlar
Gesamtherstellung: Majuskel Medienproduktion GmbH, Wetzlar

ISBN 978-3-88178-366-8

BÜCHSE DER PANDORA VERLAGS-GmbH
in der Majuskel Medienproduktion GmbH
Postfach 2820 · D-35538 Wetzlar
digitalakrobaten@gmail.com
www.digitalakrobaten.de

INHALT

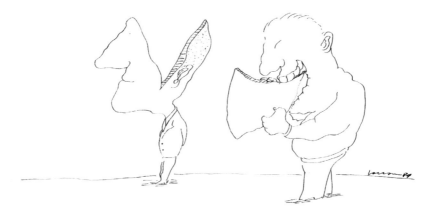

BITTE RECHT FREUNDLICH

Für Janna und Lena

> *„Das bloße Weitermachen ist kriminell,*
> *die bloße Verzichtsethik ist naiv.*
> *Dazwischen liegen die intelligenten Wege."*
> — PETER SLOTERDIJK [1]

1 INTENTION

Ich besitze kein Auto, kein Handy, keinen Fernseher, keine Uhr, keinen Anrufbeantworter, keinen Schlips, keine Visitenkarten, keine Sonnenbrille und vieles mehr nicht, selbstverständlich auch kein Pferd, keine Yacht und kein Flugzeug.

Ich bekenne mich zu Internet, Radio und Telefon, denn irgendwie muß man vernetzt sein. Für meine Mobilität sorgen die Nahverkehrsmittel, die Bahn und das Fahrrad.

Das Leben eines Eremiten möchte ich nicht führen. Trotzdem beschränke ich mich auch im Alltäglichen. Vielleicht ist es eine männliche Attitüde, ungern Kleidung einzukaufen und deshalb die Garderobe begrenzt zu halten. Einen Anzug besitze ich – aber den auch schon zwanzig Jahre –, zwei Jacketts, drei Hosen, drei Paar Schuhe. Doch warum habe ich im Laufe der Jahre Schritt für Schritt auf vermeintlich lebensnotwendige Dinge wie Auto und Handy verzichtet und verzichte immer noch auf sie? Darauf möchte ich hier eine Antwort geben.

Natürlich interessieren mich auch vergleichbare Lebensmodelle und Menschen, die mir in dieser Sache nahestehen und mit denen ich sympathisiere. Deshalb werden hier einige von ihnen vorgestellt.

Da ich gern esse und trinke, achte ich sehr darauf, was ich esse, wo ich esse und wann und wie ich esse. An Hand einer Frucht, der Erdbeere, zeige ich modellhaft, was ich unter Kultur des Essens verstehe und worauf ich lieber verzichte.

US-amerikanische Forscher fanden durch Tests heraus, daß

man die Charaktereigenschaften von Männern an Hand ihrer Lieblingsspeisen ermitteln kann. Männer, die gerne Fischstäbchen essen, haben sich immer noch nicht von ihrer Mutter gelöst, Pizza-Männer stehen auf Spaß. Der Marmeladentyp braucht viele Streicheleinheiten, ist aber auch warmherzig und großzügig.

Genußvoll verzichten beschränkt sich nicht auf Messer und Gabel, nicht auf den Duft der Speisen, nicht auf Marmeladentypen und Kartoffelsuppenmänner. Es geht zwar vor allem um gutes Essen und die Kultur des Weines, aber auch um Menschen, die für uns sorgen – wie Köche und Kellner, Winzer und Bäcker –, und darüber hinaus.

„Genußvoll verzichten" – das löst zahlreiche Assoziationen aus: Totalverzicht, Klimawandel und fossile Energien, Zivilgesellschaft und Konzerne, Mobilität und Unterhaltung, Wahrheit und Gerüchte. Das sind Themen, die viele bewegen. Die vier Wörter „Das stinkt zum Himmel" sind Ausdruck von Unbehagen und einer massiven Unzufriedenheit. Die Rauchzeichen sind überall zu sehen. Die Zivilgesellschaft hat „die Nase voll".

Letztlich geht es um jenen Kulturwandel, von dem der ehemalige Bremer Umweltsenator Reinhard Loske in seinem Artikel „Das ewige Mehr funktioniert nicht auf Dauer" in der *taz* spricht: „Klar kann man in einem Nullenergiehaus wohnen, sein Auto abschaffen, Car-Sharing betreiben und langlebige Produkte kaufen, die man nicht alle Jahre wegwerfen muß. Aber das ist nicht der primäre Punkt. Es geht hier nicht um persönlichen Verzicht, sondern um einen gesellschaftlichen Kulturwandel." (2)

Viel, wenn nicht alles ist von der Zivilgesellschaft zu erwarten. In ihr bewegen sich jene Menschen, die sich wirklich verantwortlich fühlen für die Natur und die Zukunft unserer Kinder. Es versteht sich daher von selbst, daß der Schritt vom genußvollen Verzicht zum aktiven Handeln bis hin zum Widerstand nicht weit ist.

Auch Claus Leggewie und Harald Welzer verknüpfen die Themen Klima und Kultur und sagen: Klimawandel bedeutet Kulturwandel. Sie zeigen, „wie die Demokratie in Gefahr gerät, wenn sie keinen Weg aus der Leitkultur der Verschwendung findet". (3) Sie sprechen sich für eine Erneuerung der Demokratie von unten aus und ermuntern Initiativen, andere Formen des Wirtschaftens und Lebens zu entwickeln. Sie setzen auf Gerechtigkeit und Nachhaltigkeit statt auf den Fetisch Wachstum.

Unter „genußvoll verzichten" ist die Fähigkeit zu verstehen, selbst zu entscheiden, was man als Mensch, der in einer Gemeinschaft lebt, sich und den anderen zumuten kann. Das betrifft nicht nur Fragen einer gesunden Ernährung, sondern auch Fragen einer verträglichen Umwelt und politischer Haltungen. Auch wenn viel vom Essen und Trinken die Rede ist, ist dies hier nicht das neueste Kochbuch eines bekannten Gastronomen oder das Begleitbuch zu einer neuen Kochshow. Es geht vor allem um die Aufmerksamkeit für Menschen, die mit ihrer Lebensweise oder ihren Erkenntnissen Wesentliches zum Thema eines breitangelegten Kulturwandels beitragen können.

Weniger ist mehr – dieser bekannte Slogan scheint aktueller denn je zu sein. So sprechen Claus Leggewie und Harald Welzer vom „Verzicht als Gewinn". Sie meinen damit etwa den Verzicht auf Lärmbelästigung oder auf ein Auto, aber auch den Verzicht auf übermäßigen TV-Konsum: „Viele Menschen sehen extrem viel fern (in den USA monatlich im Schnitt 151, in Deutschland 103 Stunden), bekunden aber, darunter zu leiden, und würden eigentlich lieber nicht so oft vor der Glotze sitzen." (4)

Das ständig bemühte Bild einer Uhr, deren Zeiger fünf Minuten vor zwölf oder eine Minute vor zwölf oder drei Minuten nach zwölf anzeigen, trifft die Lage nicht mehr. Es gilt jetzt, sofort etwas zu verändern. Der Dreck liegt vor der eigenen Tür.

2 DIE ERDBEERE

A. Rot, frisch, gesund und schmackhaft

Erdbeeren sind eine Gattung aus der Familie der Rosengewächse. Sie spielen schon seit der Steinzeit eine Rolle in der menschlichen Ernährung. Die uns bekannte Gartenerdbeere wurde im 18. Jahrhundert aus Amerika eingeführt.

Die Erdbeere gilt als die „Königin der Beerenfrüchte". Wenn die Erdbeeren reif sind, weiß man, daß die warme Jahreszeit begonnen hat. Die beste Qualität erhält man zur deutschen Erntezeit. Bei den heimischen Früchten sind die Transportwege kürzer, sie können deshalb reifer geerntet werden als ausländische. Man erkennt sie beim Einkauf daran, daß sie meist nur in Pappschälchen ohne Plastikfolie verpackt sind und ihre Form unregelmäßig ist. Unter ihnen finden sich viele große Exemplare.

Die Erdbeere ist nicht nur unter ernährungsphysiologischen Aspekten ein wertvolles Nahrungsmittel, sondern sie hat durchaus auch heilende Kräfte. Durch ihren relativ hohen Eisengehalt gilt sie bei Blutarmut als förderlich. Gleichzeitig stimuliert das in der Erdbeere enthaltene Kalium die Nieren und regt so die Entwässerung und Entschlackung des Körpers an.

„Ich lebe nicht auf dem Mond und weiß natürlich, daß man an Weihnachten bei uns frische Erdbeeren kaufen kann. Aber haben Sie mal geguckt, wo die herkommen? Ich habe Ende Dezember welche gesehen, die kamen aus Südafrika. Die hat nicht der Bauer um die Ecke vorbeigebracht, die sind geflogen. Und zwar nicht mit der Brieftaube, sondern mit Kerosin. Welch ein Irrsinn! Ist uns eigentlich bewußt, wieviel wertvolle Energie wir mit dem unsinnigen Transport von Lebensmitteln verschwenden?" schreibt der Fernsehkoch Horst Lichter (der mit dem geschwungenen Schnauzbart) in der Zeitschrift *Man ist, was man ißt.* „Da reden wir uns die Köpfe heiß – und zwar zu Recht – über die Reduzierung des CO_2-Ausstoßes und über die Entwicklung von Elektroautos und machen uns kaum Gedanken über Erdbeeren aus Südafrika, Litschi aus Madagaskar und Bier aus Japan." (5)

Horst Lichter ist zuzustimmen. Lebensmittelkonzerne werben in Anzeigen mit der prallen Erdbeere. Auf Joghurtbechern purzelt appetitlich eine Fülle von frischen Erdbeeren herunter, in ihnen befindet sich nicht einmal eine halbe Erdbeere, wie Thilo Bode in seinem Buch *Die Essensfälscher* erläutert. (6) „Auch im ‚Mövenpick Gourmet-Frühstück Erdbeere' von Schwartau ist angeblich die ‚Königin der Erdbeere' verarbeitet – das suggeriert besondere Qualität." (7) In die Schwartau-Marmeladengläser kommt allerdings nur eine standardisierte Sorte üblicher Erdbeeren. Mit der Bezeichnung „Gourmet" wird spielend ein höherer Verkaufspreis erzielt.

Erdbeeren schmecken am besten, wenn sie frisch geerntet werden. Sie sind druckempfindlich, faulen schnell und verlieren rasch ihr Aroma. Spätestens zwei Tage nach der Ernte sollte man sie verbrauchen. Kann man sie nicht gleich verzehren, ist es ratsam, Früchte mit Druckstellen auszusortieren, die unbeschädigten Beeren locker nebeneinander auf einem Teller auszubreiten und diesen zugedeckt an einen kühlen Ort zu stellen.

B. Die künstlerische Erdbeere

Mit dem 1967 komponierten Song „Strawberry Fields Forever", einem Klassiker der Beatles, werden wir auf das künstlerische Potential der Erdbeere aufmerksam. „Strawberry fields" (Erdbeerfelder) ist der Name eines Waisenhauses der Heilsarmee in London, in dessen Nähe John Lennon aufwuchs. – „Let me take you down / 'cause I'm going to strawberry fields. / Nothing is real / and nothing to get hung about. / Strawberry fields forever."

François Villon, der bedeutendste französische Dichter des Spätmittelalters (geboren 1431 in Paris), sah in der Erdbeere ein Symbol weiblicher Erotik: „Ich bin so wild nach deinem Erdbeermund, / ich schrie mir schon die Lungen wund / nach deinem weißen Leib, du Weib. / Im Klee, da hat der Mai ein Bett gemacht, / da blüht ein schöner Zeitvertreib / mit deinem Leib die lange Nacht. / Das will ich sein im tiefen Tal, / dein Nachtgebet und auch dein Sterngemahl."

Erdbeeren sind häufig Motive in der bildenden Kunst. Sie sind, ganz im Gegensatz zum unerschrockenen und lasziven Gebrauch bei François Villon, auf Grund ihres niedrigen Wuchses ein Symbol für Demut und Bescheidenheit, insbesondere als Attribut in Maria- und Jesus-Darstellungen.

Die weißen Blütenblätter sind Zeichen des Paradieses, die roten Erdbeeren symbolisieren das Blut Christi. Die einzelne Frucht stellt einen Blutstropfen Christi dar. Legenden behaupten, daß Maria einmal im Jahr vom Paradies auf die Erde herabsteige, um Erdbeeren für die verstorbenen und nun im Paradies lebenden Kinder zu sammeln. Wegen ihrer dreiteiligen Blätter war die Erdbeere zudem Symbol der Dreieinigkeit. Die reife Frucht konnte auch darauf hindeuten, daß eine junge Frau reif für Ehe und Mutterschaft sei.

Ich kann mich erinnern, Ende der sechziger Jahre in einem Januar Erdbeeren gegessen zu haben. Das war außergewöhnlich. Ich bin damals zusammen mit der Familie des Malers Franz Radziwill nach Köln gefahren, um eine Ausstellung des Künstlers in der Galerie des Gerling-Konzerns zu besuchen.

Hans Gerlinh, Inhaber und Chef der Gerling-Versicherungen, eröffnete damit den in der Bundesrepublik bis dahin noch selten ausgestellten „Magischen Realisten" die Rückkehr in die deutsche Kunstszene. Radziwill, ein Zeitgenosse von Otto Dix und George Grosz, war Ende der zwanziger Jahre und Anfang der dreißiger Jahre einem breiteren Kunstpublikum bekannt geworden. Seine suggestiven und exakt gemalten gegenständlichen Bilder hatten Museen und Sammler gekauft.

Die Einladung zu einem Dinner im kleinen Kreis im Anschluß an die Ausstellungseröffnung interessierte mich allein schon auf Grund des feudalen Ambientes. Zum Dessert wurden frische Erdbeeren gereicht, die bei mir automatisch die Frage auslösten, woher die mitten im Januar wohl stammten.

C. Die politische Erdbeere

Die frischen Erdbeeren auf dem Tisch bei Gerling kamen aus Südafrika, dem Land der Apartheid. Die Politik der konsequenten Rassentrennung wurde nach Gründung der Südafrikanischen Union im Jahre 1910 durch ein Bündel von Gesetzen eingeleitet, die sämtliche Rechte der schwarzen Bevölkerungsmehrheit extrem beschnitten. Bis in die fünfziger Jahre praktizierte die weiße Regierung eine vornehmlich ökonomische Rassentrennung. Danach verschärfte sich die Situation für die schwarze Bevölkerung zusehends. Die Regierung reglementierte und kontrollierte die Privatsphäre und verbot Ehen zwischen Angehörigen verschiedener Rassen. In allen öffentlichen Einrichtungen, Behörden, Verkehrsmitteln und selbst auf Toiletten wurde die Rassentrennung eingeführt, und für die schwarze Bevölkerung wurden sogenannte Homelands eingerichtet.

Widerstand kam aus den Reihen des ANC, des African National Congress. Die legal und zugleich im Untergrund operierende Organisation, vorwiegend von schwarzen Führern geleitet, wurde 1964 verboten, ihre Führer, unter ihnen Nelson Mandela, verurteilte man zu lebenslanger Haft.

Die von der südafrikanischen Polizei niedergeschlagenen Aufstände mit Tausenden von Toten, darunter eine große Zahl minderjähriger Schüler, erschütterten das Land und führten zu Solidaritätskundgebungen in verschiedenen Ländern. Es dauerte jedoch noch bis 1989, bis der letzte Präsident des alten Südafrika, Frederik Willem de Klerk, das Scheitern der Apartheidpolitik öffentlich eingestand. Damit war der Weg für die ersten allgemeinen Wahlen in Südafrika frei.

Das südafrikanische Apartheidregime folterte die schwarze Bevölkerung systematisch und ermordete zahllose Menschen. Die vorwiegend weißen Täter bestrafte niemand. Einige Staaten unterstützten das Regime dennoch. Die USA beispielsweise legten im Sicherheitsrat bei Resolutionen gegen Südafrika einundzwanzig Mal ihr Veto ein. (Das waren dreizehn Prozent aller Vetos der USA.) Das Interesse der USA richtete sich unter anderem auf die Uranvorkommen des Landes.

Auch deutschen Konzernen wird vorgeworfen, sich an der Apartheid in Südafrika beteiligt zu haben. Im Oktober 2007 sind am Obersten Gerichtshof der Vereinigten Staaten Verfahren unter anderem gegen die Deutsche Bank, die Dresdner Bank, die Commerzbank, die Daimler AG und Rheinmetall sowie zahlreiche weitere westliche Firmen wie Citigroup, UBS, BP, Exxon Mobil, IBM, Ford und General Motors eröffnet worden. Das Gericht verfügte jedoch zunächst über keine beschlußfähige Mehrheit, weil vier der höchsten Richter befangen und im Besitz von Aktien der angeklagten Konzerne waren.

Eine Studie aus dem Jahr 1999 kam zu dem Ergebnis, daß Deutschland, auf das 27,3 Prozent aller Auslandsschulden des öffentlichen Sektors Südafrikas fielen, der wichtigste Direktfinanzier des Apartheidregimes war und „in herausragender Weise den Apartheidstaat direkt, ebenso wie die strategisch wichtigen Staatskonzerne der Apartheid, mit Finanzkapital bedient hat". (8)

Auch in Großbritannien fand das Apartheidregime Unterstützung. Margaret Thatcher bezeichnete den ANC als „terroristische Organisation". Noch 1987 verkündete ihr Sprecher, daß „jeder, der meint, der ANC würde jemals in Südafrika die Regierung stellen, im Wolkenkuckucksheim lebt". Im selben Jahr erschienen die Mitglieder der Young Conservatives, der Jugendorganisation der Conservative Party, auf einem Parteitag mit „Hang Mandela!"-T-Shirts. (9)

D. Die ökologische Erdbeere

Der Begriff des ökologischen Fußabdrucks bezeichnet jene Fläche der Erde, die notwendig ist, um den Lebensstil und -standard eines einzelnen dauerhaft zu gewährleisten. Ist der Fußabdruck aller Erd-

bewohner zusammengenommen größer als die verfügbare Gesamt-
fläche an Produktivland, lebt das System Erde über seine Verhältnisse und gefährdet seine Zukunft.

Das ist gegenwärtig der Fall. Dabei variiert von Land zu Land
der Verbrauch an Raum und natürlichen Ressourcen, die die Menschen im Alltag für Essen, Wohnen, Mobilität sowie die Entsorgung der Abfälle beanspruchen. Während eine Person in Afghanistan gerade 0,1 Hektar benötigt, sind es in den USA 9,7 Hektar, in
Großbritannien 5,6 und in Deutschland 5,2 Hektar. In Brasilien
sind es 2,1, in der Volksrepublik China 1,6 und in Indien 0,7 (Stand:
2002), in Südafrika waren es 2010 2,0 Hektar.

Mit dem ökologischen Fußabdruck wird nur ein Durchschnitts-
wert pro Person ermittelt. Er weist kein spezifisches Profil auf. Das
ist eher am „ökologischen Rucksack" abzulesen. Der ökologische
Rucksack ist die sinnbildliche Darstellung jener Menge an Ressourcen, die bei der Herstellung, beim Konsum und bei der Entsorgung
eines Produktes oder einer Dienstleistung verbraucht wird. Sie soll
im Rahmen der Ökobilanz einen Vergleichsmaßstab bieten, mit
dem verdeutlicht wird, welche ökologischen Folgen die Bereitstel-
lung bestimmter Güter verursacht.

Das Kilo Erdbeeren auf unserem Tisch, organisiert vom Unter-
nehmer Hans Gerling, lag tonnenschwer in seinem ökologischen
Rucksack. Völlig leer dagegen war der ökologische Rucksack des
Pflückers oder Bauern auf der anderen Seite der Erdkugel auf einer
Farm in Südafrika, der vierundzwanzig Stunden zuvor die reifen
Erdbeeren vom Strauch gezupft hatte.

Der Verzehr von Erdbeeren im Winter dürfte nicht der einzige
Gourmetluxus gewesen sein, den sich der Versicherungsmillionär
Hans Gerling bis zu seinem Tod im Jahre 1991 geleistet hat. Sein
ökologischer Rucksack könnte auf Heißluftballongröße ange-
schwollen sein, ganz im Gegensatz zum Rucksack des südafrikanischen, schwarzen Pflückers. Dessen Rucksack bis zu seinem Tod ist
mit etwa einem Gramm zu veranschlagen.

Es ist mir nicht bekannt, wieviel Hans Gerling seinerzeit für ein Kilo Erdbeeren gezahlt hat, vielleicht umgerechnet 1.000 Euro, vielleicht, auf Grund seiner geschäftlichen Beziehungen, keinen Cent. Die Erdbeeren im Januar mußten von der Gemeinschaft ökologisch teuer bezahlt werden, zieht man allein den Transport von der Plantage in Südafrika bis auf den Biedermeiertisch im Haus Parkstraße 55, Köln-Marienburg, in Betracht.

Ich kann mich nicht mehr erinnern, ob die Erdbeeren wirklich geschmeckt haben. Vielleicht hatte ich mir den sicherlich ungewöhnlichen Geschmack auch nur eingebildet. Auf jeden Fall haben mich die roten Früchte und die Möglichkeit, sie im Winter essen zu können, sehr beeindruckt.

Heute fasse ich Erdbeeren, die im Winter auf Märkten oder in Kaufhäusern angeboten werden, nicht an. Es muß sich bei mir etwas verändert haben.

Die Erdbeeren heute, importiert aus Spanien und aus Ländern wie Chile, sind mit Vorsicht zu genießen – oder besser überhaupt nicht. Sie tauchen schon ab Februar auf Märkten und in Läden auf. „In Südspanien sind ganze Landstriche mit weißen Folientunneln verhüllt. Darunter gedeihen aber nicht nur die Erdbeeren besser, auch Schimmelpilze haben in dem feuchtwarmen Klima leichtes Spiel, außerdem Bakterien, Insekten, Käfer, Blattläuse und Erreger von Wurzel- und Fruchtfäulen. Um die Schädlinge in Schach zu halten, wird reichlich gespritzt. Vor allem Antipilzmittel (Fungizide) kommen zum Einsatz. Pestizide sollen die empfindlichen Früchte auch für die weite Reise nach Deutschland fit machen. Die Folgen: Wenn die Bauern zu viel spritzen oder die Wartezeiten nicht einhalten, bleiben Rückstände in den Früchten zurück – und das nicht zu knapp." (10)

Ökotest Online untersuchte zwanzig verschiedene Erdbeersorten aus Spanien und Marokko. Fast die Hälfte erhielt die Note ungenügend oder mangelhaft. Zusätzlich fanden die Tester heraus, daß vierzehn der fünfundzwanzig gefundenen Pestizide auf dem deutschen Markt verboten sind.

E. Die moralische Erdbeere

Das rassistische Apartheidregime in Südafrika existiert nicht mehr, Rassismus ist jedoch weiterhin weltweit verbreitet. Deutschland unterhält seit meinem unverhofften Erdbeererlebnis in den sechziger Jahren nach wie vor Handelsbeziehungen zu Staaten, in denen Rassismus und Neofaschismus herrschen und religiöse Fanatiker, Folterer und Mörder an der Spitze der Regime stehen. Es geht vor allem um Waffen, aber auch um Kartoffeln, Kugellager, Autos, Bier, Lastwagen, Kunststoffe, Pharmaerzeugnisse, Pappe und vieles mehr. (11)

Und Gerling heute?

Hans Gerling stand zeitlebens im Ruf eines nicht eben zimperlichen Machers und Vollblutkonzernchefs. Andere, weniger wohlwollende Beobachter charakterisierten den Senior schlicht als intolerant, autoritär und herrschsüchtig. Der Alleinerbe Rolf Gerling (geboren 1954) befindet sich laut *Forbes Magazine* auf Platz 512 der reichsten Menschen der Welt. Er lebt zurückgezogen in Zürich. (12)

3 ALLES TOMATE?

Wer jetzt fragt, worin denn im Falle der Erdbeere der „genußvolle Verzicht" bestehe, dem sei geantwortet: Erdbeeren sollte man ausschließlich in der heimischen Saison essen, in den Monaten Mai und Juni. In den restlichen zehn Monaten des Jahres ist es besser, ganz darauf zu verzichten. Sicherlich wird es vielen schwerfallen, nicht zu den zahllosen Produkten zu greifen, die außerhalb der Saison in den Supermärkten angeboten werden. Die gleichen Fragen wie jene zur Erdbeere stellen sich bei etlichen anderen landwirtschaftlichen Produkten, etwa bei der Tomate:

„Als wir vor zwanzig oder dreißig Jahren die geschmacklosen Tomaten aus Holland kennenlernten und erfuhren, sie seien völlig ohne Erde und Sonne gereift, war das ein Kulturschock höchsten Grades. Heute wundern wir uns nicht mehr, wenn Äpfel, Kartoffeln, Gerste, Haferflocken, Joghurts – und woraus sonst unser Frühstück besteht – immer und überall den gleichen Geschmack haben. Irgend jemand hat ein Patent für das fade Gemüse erworben und beglückt damit die Menschheit. Seitdem reift in ganz Europa fast alles Gemüse und alles Obst unter Plastik, werden mehr und mehr gentechnisch veränderte Samen für den Anbau zugelassen – alles zum Segen und Nutzen der Großkonzerne, der Chemie-, Agrar- und Pharmaindustrie. Uns Konsumenten, die wir am Ende die Kunstsuppe auslöffeln müssen, uns fragt niemand, ob wir das überhaupt wollen. Wenn wir dann zu erkennen geben, wie geschockt wir sind angesichts der Beschädigung unserer Lebensqualität, wird das nicht zur Kenntnis genommen. Allenfalls murmelt jemand aus der Riege der Lobbyisten achselzuckend etwas von Politikerverdrossenheit bei den Verbrauchern, dann beantragt er ein Patent für eine Powerlimonade, und alle sind glücklich und zufrieden."

Diese Einschätzung stammt von dem inzwischen fünfvierundachtzig Jahre alten Gourmetkritiker Wolfram Siebeck. Er ist einer der wenigen bedeutenden deutschen Wegbereiter in Sachen Gastronomie und Küchenkultur. (13)

Nach der Erdbeere und der Tomate picken wir uns ein weiteres beliebtes Produkt aus dem reichlichen Angebot des täglichen Warenkorbes heraus und stellen es auf den Prüfstand. Paul Trummer findet elegante Worte für einen, wie er sagt, gefährlichen Vorgang. Er greift in seinem Buch *Pizza Globale – Ein Lieblingsessen erklärt die Weltwirtschaft* zum Pizzatiefkühlimbiß. Und er kommt zu ähnlichen Ergebnissen wie Siebeck: „Es geht darum, wie moderne Lebensmittelerzeugung funktioniert. Dazu braucht man viel Automatisierung, Chemie, Werbung – und günstige Zutaten. Der Preisdruck dominiert die Branche." (14)

Wie groß und mächtig diese Branche ist, kann man allein schon an der Tatsache erkennen, daß die Pizza weiter verbreitet ist als der Burger. Man kann mit ihr eine Menge verdienen. Ein wenig Teig, einige Zutaten wie Tomaten, Käse und Peperoni – und die Gewinnspanne pro Pizza beträgt fünfhundert Prozent. Die runde Kalorienbombe ist aber mehr als eine Geldmaschine. Bei seinen Recherchen im Reich der Pizzahersteller entdeckte Paul Trummer zwei Leichen im Keller: Übergewicht und Unterbezahlung:

„Kurzfristig betrachtet ist unser Essen durch die industrialisierte Produktion viel sicherer geworden. Es gibt Hygieneschleusen, viele Kontrollen. Auf lange Sicht trägt dieses System aber dazu bei, daß wir uns immer von denselben Grundzutaten ernähren. Billiges Fett, viel Zucker, künstlich hergestellte Aromastoffe. Irgendwann äußert sich das in Übergewicht und Krankheiten, die sich daraus ergeben. Laut der Weltgesundheitsorganisation ist eine Milliarde Menschen zu dick, in Deutschland jede zweite Frau und mehr als jeder zweite Mann." (15)

Trummer stieß im Zuge seiner Recherchen in verschiedenen Ländern, insbesondere in Italien, auch auf illegale Zustände im Produktionsprozeß. Er ist schockiert über die Behandlung der Erntehelfer in Italien: „Ich war im April in Süditalien, drei Monate zuvor hatte es einen Aufstand der Erntehelfer gegeben. Die bekamen für Obsternten zweihundert Euro im Monat. Davon kann man sich keine Miete leisten. Also okkupierten siebenhundert Menschen eine Fabrikhalle und schliefen auf dem Betonfußboden, ohne Heizung, Strom und fließendes Wasser. Da hat auch die Mafia ihre Finger im Spiel, und alle wissen es. Diese Menschen verdienen weniger als die Leute, die bei uns den Müll wegräumen, nur damit wir unser Obst und Gemüse schön billig kaufen können. Das ist nicht nur in Italien so. Wenn das Kilo italienische Tomaten mit zehn Cent immer noch zu teuer ist, kommen die Tomaten eben zum Beispiel aus Algerien." (16)

Im Süden Spaniens, zwischen Almería und Murcia, arbeiten tausende Emigranten, illegal eingewanderte und ehemalige Boatpeople aus Afrika. Ihr Lohn beträgt im Durchschnitt vierhundert Euro im Monat. Sie leben oft allein, und ihre Wohnsituation ist durchweg katastrophal. Es sind Flüchtlinge, die unter Lebensgefahr ihre Heimat verließen und in Booten eine gefährliche Fahrt nach Europa riskierten. Viele überleben diese Strapazen nicht. Tausende Menschen werden tot an den Stränden des Mittelmeers angespült, darunter auch junge Frauen und Kinder.

Die vorwiegend farbigen Landarbeiter müssen für einen Niedriglohn und unter eingeschränkten sozialen Rechten arbeiten, damit die Ware bei uns in den Läden preisgünstig angeboten werden kann. Es sind auch Tonnen von Erdbeeren dabei. Genußvoll verzichten? (17)

Man sollte also keine Produkte kaufen, bei deren Herstellung die Arbeiter mit Hungerlöhnen abgespeist und sozial geächtet werden. Naive Vorstellungen? Wer sich über die Lebensverhältnisse der afrikanischen Emigranten durch Reportagen oder vor Ort informiert, ist immer wieder darüber schockiert, wie diese Menschen leben müssen – und das mitten in Europa.

Ich versuche keine Lebensmittel zu kaufen, die in Werbespots angepriesen werden. Das Geld, das von den Firmen in die Werbung gesteckt wird – meist sind es bis zu dreißig Prozent des Umsatzes –, sollte in menschenwürdige Produktionsbedingungen und in einen angemessenen Arbeitslohn sowie eine entsprechende soziale Absicherung investiert werden. Doch in der kapitalistischen Marktwirtschaft wird ein Produkt so kalkuliert, daß der Unternehmer möglichst viel Profit erwirtschaftet. Die Werbung spielt dabei eine wichtigere Rolle als die Qualität der Ware und die soziale Lage der Arbeitenden.

Kann man sich dem Diktat der Werbung, dem Schein der Waren auf irgendeine Weise entziehen?

Es folgen drei Beispiele radikaler Abkehr.

4 EXOTEN, TOTALVERWEIGERER
UND EINZELGÄNGER?

A. Der Selbstversorger, Bauer Gottfried Stollwerk
Gottfried Stollwerk lebt und arbeitet auf seinem eigenen Bauernhof. Er mäht sein Heu von Hand und versorgt sich selbst. Die Käseproduktion reicht für ihn das ganze Jahr, der Rest wird zum Verkauf angeboten. Er hat kein fließendes Wasser, es gibt kein Klo auf dem Hof, nur einen Eimer. Mit den Fäkalien düngt er sein Land. Er lebt zudem vom Verkauf von Holz und von einer kleinen Viehzucht und ist dabei, wie er Medienvertretern gegenüber betont, „rundherum glücklich". Stollwerk findet mit seiner spartanischen Lebensweise immer wieder mediale Beachtung. So widmete ihm die *Frankfurter Allgemeine* eine ganze Seite mit fünf Fotos:

„Der Bauer Gottfried. Gottfried Stollwerk ist Selbstversorger. Seine Nachbarn halten ihn für weltfremd. Er aber findet, die Welt habe sich ihm entfremdet – und sieht die Zukunft in handgemähtem Heu. Um kurz nach sechs steht Gottfried Stollwerk mit der Sense im klammen Gras, wie schon seit eineinhalb Monaten jeden Morgen. Er erntet und trocknet das Gras, mit dem er im Winter seine Tiere füttert. Er will ohne Geräte auskommen, die Strom oder Diesel verbrauchen." (18)

Im Sommer ist mehr zu tun als im Winter. Der Bericht aus dem Sommer wird im Winter vom selben Journalisten in einer weiteren großen Reportage fortgeschrieben. Die *FAZ* bringt auf einer ganzen Seite drei Fotos und ein Interview mit Stollwerk: „Wenn es dunkel ist, dann gibt es Geister. Wie lebt ein Selbstversorger im Winter? Der Bauer Gottfried Stollwerk über Vorräte, Einsamkeit und Erfahrungen mit der Dunkelheit." (19)

Schon auf die erste Frage – „Sie leben fast autark in Niedersachsen bei Osnabrück – ohne Fließwasser, nur von Vorräten aus eigenem Anbau, fast ohne elektrischen Strom, außer für das Telefon und eine Glühbirne. Das Dasein als Selbstversorger muß im Winter sehr hart sein!" – antwortet Stollwerk mit begrüßenswerter Offenheit: „Nein, im Gegenteil. Ich mache es mir gemütlich. Ich habe heute den ganzen Nachmittag im Bett verbracht und war in der Südsee unterwegs: Ich lese den Roman *Die Zuckerplantage* von Dominique Bona. Ich genieße die Winterzeit sehr." (20)

Das hört sich nach einem Faulenzerleben und irrer Romantik an. Doch der Bauer, der zwei Kühe und einige Schafe besitzt, hat im Sommer vorgesorgt. In geräumigen Kisten liegen rotbackige Äpfel. Der nahegelegene Bach friert nicht zu. Aus ihm holt er täglich frisches Wasser. Er arbeitet im Winter drei Stunden. Die braucht er für die Fütterung der Tiere. Im Keller lagern über zweihundert Einmachgläser mit Gurken, eingemachtem Fleisch, Bohnen, Birnen und andres Obst und Gemüse.

„Ja, ich liebe im Winter besonders die Dunkelheit und auch die Schatten", sagt er. „Ich setze mich, auch in der Nachbarschaft, dafür ein, daß es dunkel bleibt." (21)

Gottfried Stollwerk scheint die Mitte seines Lebens gefunden zu haben. Auf dem Hof wohnen auch seine Freundin und eine weitere Frau.

B. Die freiwillige Armut der jungen Ziegenbäuerin Sophie Bayer
Sophie Bayer lebt seit ihrem sechzehnten Lebensjahr ohne eigenes Geld. Ihre Arbeitskraft tauscht sie gegen Kleidung und Logis ein. Seit Jahren hat sie keinen festen Wohnsitz. Inzwischen dreißig Jahre alt, lebt und arbeitet sie auf einem kleinen Bauernhof auf der Mecklenburgischen Seenplatte. Seit ihrer Kindheit lebte sie immer mit Ziegen zusammen und kann auch Käse herstellen.

„Ich habe natürlich immer gleich gesagt: Geld nehme ich nicht! Das ist immer etwas überraschend für die Leute. Ich habe gesagt, ich brauche nur Kost und Unterkunft für mich und mein Pferd." (22)

Der Kleinbauer gab ihr den Job mit der Auflage, daß sie sich versicherte. Die gelegentlichen Arztbesuche (vor allem beim Zahnarzt) hatte sie bislang mit Eiern, Gemüse, Kräutern und Käse bezahlt. Sophie, die es nicht mehr nach Berlin zieht, ist zufrieden auf dem Land. Vor dem Alter fürchtet sie sich nicht, auch ohne Rente nicht. Ihr genügt, wie sie sagt, ein Platz zum Schlafen, die Sicherheit, sich satt essen zu können, und die Möglichkeit zu arbeiten:

„Ich habe mich nie gefürchtet vor einem Leben ohne Geld, und ich fürchte mich auch nicht vor dem Alter … Also, ich kann jederzeit mich und einige andere durchbringen mit Selbstversorgung, ich habe keine Angst vor der Zukunft. Und wenn ich alt werde, *(sie lacht)* da wird man sehen. Ich denke, ich kann schon irgendwie überleben. Vielleicht kriege ich ja noch Kinder, die mich dann im Alter versorgen? *(Sie lacht sehr.)* Aber erst mal finde ich es wichtig, jetzt möglichst glücklich zu leben, wo ich es noch kann. Und mich macht es ja schon glücklich, wenn ich ein warmes Plätzchen zum Schlafen habe, daß ich satt werde – und meine Tiere auch –, daß ich eine gute Arbeit machen kann." (23)

Vier Tage nach dem Gespräch mit der *taz* ertrank Sophie Bayer bei einem Segelunfall auf dem Carwitzer See in der Nähe des Hofes.

C. Ludi containert

Ludi, siebenundzwanzig Jahre alt, „containert" seit zehn Jahren. Er hat jahrelang zusammen mit Freunden in Dresden ein besetztes Haus bewohnt, aber dort auch Miete gezahlt. Den ganzen Winter über wurde containert. Für Lebensmittel gab die kleine Wohngemeinschaft von vier Personen so gut wie nie Geld aus. Vor Geschäftsschluß durchstreifte Ludi Filialen von Rewe und Tengelmann, kontrollierte die an diesem Tag „anstößige Ware", deren Verfallsdatum abgelaufen war oder gerade ablief, und stellte dann den Speiseplan für den Abend und den nächsten Tag zusammen. Fast alles, was sie brauchten, fand er in den großen Containern in den Hinterhöfen der Filialen. Er begann beim Container für Fleisch, es folgten Bioware, also Gemüse und Obst, und Brot und Süßigkeiten.

Die Filialen werfen jeden Tag tonnenweise Lebensmittel in den Müll, weil das Haltbarkeitsdatum abgelaufen oder die Ware angefault oder zerdrückt ist. Sind in einer Bananenkiste fünf Bananen faul, wird die ganze Kiste weggeworfen. Diesen Verlust von etwa fünf Prozent des Umsatzes kalkuliert man ein und schlägt ihn auf die Preise des aktuellen Angebots. Weitere fünf Prozent werden auf Grund von Diebstahl einkalkuliert. Auch dieser Faktor geht in die Preisgestaltung ein. Fachleute sprechen von den „üblichen zehn Prozent Schwund".

Ludi versteht sich nicht als „Assi" oder Penner, er holt sich die Waren eher aus „bewußtseinsfördernden Gründen", wie er sein Handeln charakterisiert. Auf Nachfrage unterscheidet er in der Containerszene zwei Gruppen: die Assis, womit er Personen bezeichnet, die aus dem sozialen System herausgefallen sind und keine Wohnung und keinen Job haben, und die „Bewußten", meist Studenten. Die Assis sind auf die Waren auf den Containerhöfen dringend angewiesen.

Aldi und Lidl stehen auf ihrer Beliebtheitsskala ganz unten, weil beide ihre Container mit Schlössern und hinter Zäunen sichern. Ludi kann sich darüber richtig aufregen: „Du mußt dir mal vorstellen, was da für ein Zeug weggeworfen wird! Die Ware ist bis auf wenige Ausnahmen top in Ordnung, alles ist genießbar und schmeckt. Und die werfen Tonnen davon einfach in den Müll! Überleg doch mal, was für eine Menge das nur bei Aldi in Deutschland ist! Also, das ist eine Sauerei, auch wenn du bedenkst, wie arm manche Leute sind, und wenn du bedenkst, wie viele Menschen hungern. Es gibt Unternehmen, die lassen Waschmittelpulver über die noch eßbare Ware in den Containern streuen, damit sie ungenießbar ist." (24)

Der Kreis der „Bewußten", zu denen Ludi sich zählt, containert aus ideologischen und politischen Gründen. Ludi zieht am Abend fast immer alleine los, kennt jedoch eine Menge Gleichgesinnter aus der Szene. Sie sind wie er zwischen zwanzig und dreißig Jahre alt. Manch eine Hauswand in der Umgebung ziert der Spruch: „Container aller Länder, vereinigt euch."

Containern ist nicht das einzige, was diese jungen Leute tun. Sie gehen zwar keiner festen Arbeit nach, aber sie jobben, um ein bestimmtes Einkommensminimum zu erreichen, das sich zwischen fünfhundert und achthundert Euro im Monat bewegt: „Ich brauch' nicht viel. Ich weiß, was ich mache, und das mache ich schon, seit ich von zu Hause weggezogen bin."

Ludi, dessen Eltern sich hin und wieder Gedanken und Sorgen über die Zukunft ihres Sohnes machen, macht einen stabilen und ausgesprochen intelligenten Eindruck. Zur Zeit sitzt er an einem Interradioprogramm, das er täglich zwei Stunden anbieten möchte und für das er gerade auf Sponsorensuche ist. Er entwickelt das Programm, weil er jahrelang in einer Band „Techno Rock 'n' Roll" gespielt hat. Sein Bandpartner hat jedoch zu seinem Bedauern eine Frau kennengelernt und ist zu ihr nach Freiburg gezogen. „Inzwischen ist auch schon ein Baby da, die bürgerliche Karriere ist programmiert. Die Band kann ich vergessen."

Ludi will bewußt so leben, solange es irgendwie geht. Seine rumänische Freundin steht an seiner Seite und bedrängt ihn nicht. Aber Ludi weiß auch: „Diese Form von Freiheit zu leben ist unglaublich schwierig, gerade in dieser Gesellschaft, die so sehr auf Wachstum und Konkurrenz ausgerichtet ist."

Vor drei Jahren ist Ludi zusammen mit einem Freund durch Rumänien, die Türkei und Georgien gefahren. Während der Reise entwickelten und setzten sie eine Idee um: Sie befragten Menschen, wie sie sich Europa vorstellen.

Sie führten auf der Straße mit x-beliebigen Leuten Interviews, drückten ihnen ein Pappschild in die Hand, auf dem nur „Europa" stand, und fotografierten sie. Die Fotos und gesammelten Kommentare haben sie später bei Stiftungen eingereicht. Es floß ein wenig Geld, das sie in die Realisierung einer Ausstellung über ihre Recherche steckten. „Wenn ich dann Anträge formuliere und an Gelder kommen will, darf das nicht irgend so ein Spinner machen", erklärt Ludi. „Die gibt's auch bei uns. Da mußt du ganz nüchtern rangehen, sonst wird das nix."

Ich habe Ludi gebeten, mir per Mail zu schreiben, was er unter „Genußvoll verzichten" versteht. Seine Antwort:

„Zum Genußverzicht hab' ich erst mal folgendes: Freiwilliger Verzicht ist ein Privileg – Veganer, Amish People oder die Drug Free Youth. Ich sehe uns (die westliche Zivilisation) als eine Minderheit, die im krassen Gegensatz zum Rest der Welt ein abnormales Leben führt. Wir symbolisieren anscheinend Leistung, Kapital und Gewinn. Für Herbert und Bärbel gibt es jede Menge zu konsumieren, damit ihnen auch klar ist, warum sie von Montag bis Freitag arbeiten.

Freiwilliger Verzicht ist unser Privileg. Für mich bedeutet genußvoll verzichten vor allem, ehrlich und aus dem Herz heraus NEIN zu sagen. Das ist gar nicht so einfach in einer Ja-Gesellschaft. Neinnnnn. Das mußte ich lernen.

Es ist ein Kick, den ich immer wieder suche. Manchmal kann das sehr selbstzerstörerisch sein, aber auch heilsam und erfrischend. Persönlich sehe ich im Verzicht echte Freiheit. Und die schmeckt gut, kostet nix und gibt es immer." (25)

Als Bauer auf einem Stück Land zu leben und zu arbeiten ist nicht meine Sache. Ebensowenig reizt es mich, als umherschweifender Ziegenwirt bei anderen Bauern unterzukommen, lediglich für Kost, Logis und Kleider. Auch das konsequente Containern kann mich nicht überzeugen, auch wenn die Ware so gut wie kostenlos zu bekommen ist.

Bei allen drei Lebensformen geht es für mich nicht um genußvolles Verzichten, sondern eher um radikale Abkehr und Selbstausgrenzung. Das sehen (beziehungsweise sahen) alle drei anders. Ludi, der Bauer Stollwerk und die inzwischen verstorbene Ziegenbäuerin haben jederzeit meinen Respekt, aber ich beurteile meine eigenen Erfahrungen und Erlebnisse ganz anders.

Ich stelle meinen Lebenswandel nicht radikal in Frage, sondern bewege und informiere mich inmitten der Gesellschaft. Ich lebe in meinen vier Wänden und gehe meiner Arbeit nach.

Schon vor Jahren habe ich begonnen, dem gastronomischen

Milieu zu mißtrauen und es, wenn nötig, auch heftig zu kritisieren. Dabei geht es mir nicht um kleine Portionen, sondern um das qualitative Gesamtangebot, den Service und um Sauberkeit. Bei fast jedem Restaurantbesuch inspiziere ich zuerst beim Händewaschen die Toilette.

Auch kaufe ich so gut wie nie im Supermarkt ein. Lebensmittel- und andere Ketten meide ich strikt. Ein Grund für mich, nicht zu Lidl zu gehen, ist, daß der Konzern keine Gewerkschaftsvertreter duldet. Gegenstand der öffentlichen Kritik an Lidl waren häufig die Arbeitsbedingungen der Beschäftigten. So warf insbesondere verdi dem Unternehmen vor, die Bildung von Betriebsräten systematisch zu unterbinden.

Wer jetzt denkt, mein erster Weg am Morgen führe mich in einen Bioladen, der irrt. Da ich mehr oder weniger alleine lebe, habe ich mir ein Einkaufsprogramm zusammengestellt. Bei Obst und Gemüse greife ich zu saisonalen Angeboten. Das Brot kaufe ich möglichst bei einem fränkischen Bäcker. Ich koche selten selbst.

Meine kulinarischen Ausflüge finden ins Dreieck Thai (gern auch vietnamesisch und japanisch), Italiener und badische Küche statt. Die jeweiligen Lokale sind mir vertraut. Ich kenne die Kellner und oft auch die Besitzer, und die kennen mich. Ich gehe immer wieder gern in Lokale, in denen man meine kritischen Anmerkungen akzeptiert – und das nicht aus Höflichkeit, sondern aus Respekt vor dem Gast.

5 EIGENE WEGE

A. Anders. Italien, das Land, in dem nicht nur die Zitronen blühen
An der ligurischen Küste bei Genua gibt es einige sehr schöne Orte. In einem dieser Orte haben italienische Freunde ein Haus. Im Winter ist es mild, das Meer ist spiegelglatt, und die Sonne scheint oft.

Jedesmal, wenn ich dort bin, laden meine Freunde Gäste zum Essen ein. Es gibt stets mehrere Gänge, meist auch Fisch, frisch beim Fischer gekauft. Jedes Produkt wird sorgfältig ausgewählt und stammt aus der Region.

Unsere Gastgeberin kocht selbst. Während des Essens redet man ausgiebig über die Speisen, man tauscht Adressen empfehlenswerter Händler und Läden aus, lobt die Fertigkeiten der Köchin und hilft dann beim Abräumen und Abwaschen. Derartige Gespräche sind an einem deutschen Tisch im Grunde undenkbar.

Natürlich wird auch immer wieder über Berlusconi gesprochen. Er ist seit Jahren die Reizfigur schlechthin am Tisch. Seine Skandale und Affären kritisieren alle Anwesenden, je nach Temperament. Berlusconi wird geradezu gehaßt, für seine Verbindungen zur Mafia, für die Korruption, den Steuerbetrug, die Schmiergeldaffären, die Bilanzfälschungen und Richterbestechungen.

Eine weitere Figur ist hinzugekommen: der deutsche Papst. Man empört sich darüber, ihn nahezu täglich in den Medien zu sehen, wo er die Gelegenheit erhält, seine reaktionär-katholische Weltanschauung zu propagieren.

Am nächsten Abend saßen wir wieder im kleinen Kreis zusammen. Ich erzählte, daß ich mir im Ort eine preiswerte Hose gekauft und die mir angebotenen Markenprodukte von Gucci, Prada oder Versace abgelehnt und trotzdem eine gutsitzende und hochwertige Hose für unter dreißig Euro bekommen hatte.

Eingeladen waren auch einige Gäste, die ich noch nicht gut kannte, deshalb fuhr ich fort: „Ich habe übrigens kein Auto, kein Handy, keine Uhr und vieles mehr nicht, aber mir fehlt nichts." –

„Ah, Mr. Happy", sagte einer. Happy? Schon oft hatte ich, nachdem ich mich als Nichtbesitzer eines Handys geoutet hatte, den Satz gehört: „Sie müssen aber glücklich sein!"

Für mich bedeutet weniger mehr, obwohl in unserer Welt Wohlstand und Glück am stetigen Wachstum gemessen werden. Natürlich genieße auch ich die Segnungen des modernen Lebens. Aber ich strebe nicht nach Erfüllung durch die maximale Ausstattung mit feilgebotenen Statussymbolen.

Ich besitze schon lange kein Auto mehr, und es kam mir auch nie in den Sinn, zwei oder noch mehr Autos zu besitzen. Mir geht es auch nicht ums Sparen. Eher sehe ich einen Sinn in der Entschleunigung und im Müßiggang. Selbstbestimmt ist vieles machbar.

Die Schauspielerin Fanny Ardant antwortete in einem Interview mit der *Frankfurter Allgemeinen Zeitung* auf die Frage: „Haben Sie für Ihre Freiheit bezahlt?" – „Ich besitze nichts. Kein Haus, kein Boot, kein Auto. Meine Freiheit ist quasi mein einziger Luxus. Andere haben sich zum Sklaven ihres Eigentums gemacht. Sie müssen irgendwelche Schrottfilme drehen, weil sie ihre Steuern bezahlen, ihr Dach reparieren oder ihren Wagen in die Werkstatt bringen müssen. Ich hingegen kann jederzeit nein sagen. Auf diese Weise habe ich mir auch die Liebe zu meinem Beruf erhalten."

B. Bunt und vielfältig. Regional ist meistens besser
Andreas Hoppe, bekannt durch seine Rolle als Mario Kopper im Ludwigshafener *Tatort*, legte 2009 einen Erfahrungsbericht in Buchform vor: *Allein unter Gurken – Mein abenteuerlicher Versuch, mich regional zu ernähren.*

Hoppe, der in Berlin-Kreuzberg wohnt, setzte sich zum Ziel, ausschließlich Produkte aus dem Umkreis von hundert Kilometern zu kaufen. Dieses konsequente Verhalten verdient Anerkennung, denn in den Läden finden sich sehr wenige Produkte aus dem unmittelbaren Umland, wie Hoppe nach gründlichen Recherchen feststellen mußte. (26)

Orangen aus Israel, Kiwis aus Südafrika, Ananas aus Brasilien, Wein aus Italien, Zitronen aus Spanien, Tomaten aus Holland: Diese Palette ist noch relativ übersichtlich und beliebig erweiterbar – um Fleisch aus Argentinien, Käse aus Frankreich, Fisch aus Norwegen. Schwierig wird es bei Gewürzen wie Pfeffer, Salz, Zimt, Thymian, Speiseölen, bei Kaffee, Tee, Whisky.

Die Raucher, jeder einzelne mittlerweile so gut wie stigmatisiert, dürfen da ebenfalls nicht vergessen werden. Zigaretten, Zigarren und Drehtabak, das sind alles keine Produkte aus der Region.

Hoppe begnügt sich nicht mit dem Einkauf. Er geht aufs Land, knüpft an verschüttete Traditionen seiner Großeltern an, die einen Schrebergarten bestellt hatten, und beginnt, seinen eigenen Acker zu bebauen.

Nicht jeder ist in der Lage, derartige weitreichende Experimente durchzuführen, doch jeder kann sich über sie informieren, darüber nachdenken und eigene Wege in eine ähnliche Richtung einschlagen. Der Volkswirtschaftler Niko Paech erläutert:

„Wenn ich mein Brot zum Beispiel aus Süddeutschland kaufe, dann müssen Spediteure, dann müssen Zwischenlager, dann müssen Just-in-time-Logistikzentren noch dazukommen. Das alles liegt zwischen der Produktion des reinen Brotes und dem Anbau der Getreidesorten und mir als Konsumenten. Die reine strukturelle Verkürzung der Wertschöpfungskette führt dazu, daß die Anzahl der Unternehmungen verringert wird." (27)

Ein Beispiel aus eigener Anschauung: Frühstück im *Weinhaus Stern* in Bürgstadt am Main. Ein erster Überblick: Selbstgemachte Marmelade in drei verschiedenen Geschmacksrichtungen steht auf einem Holzschränkchen. Verlockende kleine Käseecken. In einer Etagere liegen diverse Brot- und Brötchensorten, darunter das dünngeschnittene Kümmelbrot, an dem ich erst rieche und das ich dann mit Butter bestreiche.

Ich beiße in die Stulle. Das lockt aus den Tiefen des Geschmacksgedächtnisses zarte Düfte hervor, begleitet von Bildern aus der Küche meiner Mutter, mit Blick auf den kleinen Fluß, der am Haus vorbei- und nach einigen hundert Metern in den Main fließt.

Der Geschmack des Brotes lenkt die Erinnerung für einen Moment präzise dorthin, wo ich diesen Geruch und diesen Geschmack zum erstenmal bewußt wahrgenommen habe. Meine Mutter beugt sich zu mir herunter und reicht mir ein Stück Brot. Ich sehe ein Lächeln auf ihrem Gesicht, den Schweiß auf ihrer Stirn. Dampf strömt aus einem großen Topf.

Wenn ich im dunkelgetäfelten, niedrigen Jägerraum des *Weinhauses Stern* frühstücke, greife ich immer zuerst nach dem Kümmelbrot. Die Wirtin fragt, ob man Kaffee wolle, und schon steht eine silberne Kanne mit breitem Schnabel auf dem Tisch. Dazu eine Miniaturmilchkanne, aus der man die Sahne mit einer winzigen Kelle schöpft. Die Wirtin hält an der kleinen Milchkanne fest, obwohl schon der eine oder andere Gast die Pretiose mit nach Hause nahm.

Gebückt betritt die Mutter der Wirtin den Raum, freundlich, mit roten Wangen. Sie fragt in die Runde, ob noch jemand Rührei mit Schinken möchte, und da kann ich nicht nein sagen. In einer kleinen Pfanne gebrutzelt, stehen wenig später die frischgebratenen Eier auf einem Stövchen. Sie komplettieren auf wunderbare Weise mein Frühstück, das mit einer kleinen Schale Obstsalat, etwas Joghurt und Müsli abgerundet wird.

In keinem Hotel, in keinem Café, in keinem Privathaushalt habe ich jemals ein Frühstück wie jenes in der Jägerstube bekommen. Kein einziges Stück Plastik ist zu sehen. Dafür weiße Tischdecken, Stoffservietten – es sind viele liebevolle Details. Und ich habe noch nicht mal die regionale Wurst- und Schinkenplatte erwähnt. Auf einem Holzbrett sind fünf verschiedene hausgemachte Wurstsorten und zarter Schinken aufgereiht, neben einer Schüssel mit kleingeschnittenem frischem Gemüse.

Einfaches weißes Geschirr, Messer und Gabel liegen gut in der

Hand. Keine aufdringliche Musik im Hintergrund. Die Wirtin schreitet schmunzelnd durch die Tür und fragt, ob man noch Kaffee wolle. Man möchte hier einfach sitzenbleiben und freut sich bereits auf den nächsten Morgen. Der Preis für das hervorragende Frühstück ist im moderaten Übernachtungspreis inbegriffen. (28)

C. Chemie und Plastik. Bitte nicht so!

Ich habe das prächtige Frühstück im *Weinhaus Stern* so ausführlich geschildert, um es von den Frühstücksangeboten abzugrenzen, die den Reisenden so oft erwarten. Gerne verzichte ich, und das mit Genuß, auf Angebote wie in X:

Der Staubsauger steht noch in der Ecke, die Auslegeware muffelt, irgendwo hinter einem Pfeiler hantiert geräuschvoll das Personal. Musik vom Band liegt wie Mehltau in der Luft, Musik, die man in Fahrstühlen hört, in Kaufhäusern und Pissoirs. Auf einem langen Tisch liegen Butterstückchen – so groß wie eine Euromünze, jedes einzeln verpackt. Daneben drei verschiedene Sorten Margarine, in Plastik eingeschweißt, sowie Honig und eine kleine Anzahl Marmeladen, eine davon garantiert mit Erdbeergeschmack. Das Käseangebot beschränkt sich auf blaßgelbe Scheibletten. Kann man dem gekochten Schinken in Scheiben trauen? Meckern erlaubt – doch wo soll man anfangen?

An dieser Stelle wird auch der Gang auf die Toilette nicht vergessen – besser gesagt: Er wird niemals vergessen. Ich schaue mir fast jede Toilette an, nicht aus Interesse am Design oder wegen dringender Notdurft, sondern aus hygienischen Gründen. Im Laufe der Zeit habe ich bei meinen kleinen Inspektionen die Erfahrung gemacht, daß eine saubere Toilette meist auf ein sauberes Ambiente im Restaurant schließen läßt. Damit meine ich auch den Zustand des Geschirrs, des Bestecks und der Gläser. Restaurants mit Stoffservietten, möglichst aus weißem Tuch, erfreuen mein Auge. Bei solchen Voraussetzungen dürfte die Küche gut und vertrauenerweckend sein.

Trotzdem, nicht jeder kann der Beste sein. Aber warum so viele Mittelmäßige und auch einige sehr Schlechte? Daher sollte eine Aktion im Berliner Bezirk Pankow bundesweit Nachahmung finden: Bei Hygienekontrollen im Gastronomiegewerbe wurden bei etlichen Anbietern gravierende Mängel festgestellt. Statt die Ergebnisse vor der Öffentlichkeit zu verbergen, stellten die Prüfer die schwarzen Schafe mit voller Nennung der Adressen ins Internet. Gut so.

D. Mit dem Zug nach Garmisch

Wir befinden uns im Süden Deutschlands, die Grenze zu Österreich ist nicht fern. Durch Zufall bin ich an diesen gemütlichen Tisch in einem Restaurant in Garmisch-Partenkirchen geraten. Links von mir sitzt der Gemeindepfarrer, rechts eine wohlhabende Dame, mir direkt gegenüber ein Ehepaar.

Wir sind gerade aus der Kirche gekommen, in der eine Tafel eingeweiht wurde, zur Seligsprechung eines Pfarrers, der gegen Ende des 19. Jahrhunderts in der Gemeinde arbeitete. Alles ist bayerisch, das Ambiente, die Bedienung im Dirndl, die Sprache, das Essen. Durchs Fenster scheint der Vollmond, der den Gipfel der Zugspitze erhellt. Romantischer geht es kaum.

Ich fühle mich in der Runde etwas fremd. Die Szenerie erinnert mich an eine Aufführung in einem Volkstheater, und ich sitze mitten auf der Bühne. Es ist acht Uhr abends. Zuerst ist die Politik an der Reihe. Die üblichen Namen fallen. Das Essen kommt mit Verzögerung. Ein Handy klingelt, der Pfarrer geht dran. Er hat eine ausgesprochen laute Stimme. Nach wenigen Sätzen versteht er die Gesten der anderen am Tisch, steht auf und verläßt die Gesellschaft, um anderswo zu telefonieren.

Ich erwähne, daß ich kein Handy besitze, und wie aus der Pistole geschossen sagt die Ehefrau, die mir gegenübersitzt: „Sie müssen aber glücklich sein."

Das Gespräch kreist nun um das Handy an sich, um Pro und

Contra. Wie immer verweisen die Befürworter auf eine Extremsituation, in der das Handy nahezu lebensnotwendig sei, auf einem hohen Berg, in der Wüste, an einem weitabgelegenen Ort. Aber wann ist man schon mal in der Wüste? Es ist auch keineswegs sicher, ob man da Empfang hat. Der Ehemann, ein untersetzter Mittfünfziger mit breitem Kopf, der bis zum ersten Bier seinen Gamsbarthut nicht absetzt, plädiert als Kleinunternehmer vehement für das Handy, seine Frau meint, das Handy verursache nur Streß.

Als ich erwähne, daß ich auch kein Auto fahre, mit dem Zug von Berlin nach München gekommen bin, also nicht mit dem Flugzeug, und auch keinen Fernseher besitze, mich dabei sehr wohl fühle und nichts vermisse, schauen mich die anderen entgeistert an. Ich habe mich eindeutig als Exot der Kategorie „Zurückgeblieben" geoutet.

Die drei Säulen der Mobilität, der Kommunikation und der Information/Unterhaltung nicht zu besitzen, das löst Verblüffen aus und reizt zu widersprüchlichen Reaktionen. Man scheint sich das in diesem Kreis nicht vorstellen zu können. Gerade noch als glücklicher Mensch tituliert, wird meine Position nun äußerst kritisch gesehen. Könnte man nicht nur Menschen, sondern auch Objekte heiligsprechen, hätte das Auto mit Sicherheit als erstes die Chance dazu.

Man sagt, unterhalb des Mains fange die gute Küche an. Nach dieser Faustregel sollte in Garmisch-Partenkirchen das Essen besonders gut schmecken. Eine Garantie wird niemand geben, doch kann man in der Tat von einer hohen Dichte guter Gasthäuser unterhalb der Mainlinie sprechen, und eine solche Dichte ist wichtiger als einige gastronomische Leuchttürme mit Sternen.

E. Essen kommt noch. Die neuen Bundesländer
Auf den zahlreichen Touren mit meiner Radgruppe „Heilung und Gerechtigkeit", die kreuz und quer durch die ehemalige DDR führten, waren neben der herrlichen Landschaft die gutausgebauten

Radwege und die oft angenehme Streckenführung erwähnenswert. Selten bemängelten wir die Qualität der Übernachtungsmöglichkeiten. Hin und wieder nächtigten wir in echten Highlights.

In einem ausrangierten Zug der Volkseigenen Schienenbetriebe Pritzwalk hatte man die Abteile in Schlafzimmer umgewandelt, zugegebenermaßen ohne luxuriöse Ausstattung. Die etwas unbequemen doppelstöckigen Betten erinnerten an früher, an Jugendherbergen, trübten die blendende Stimmung aber nicht. Unser Schlafwagen stand auf einem stillgelegten Gleis des romantischen Dorfbahnhofs, der noch in Betrieb war. Die Sonne ging langsam hinter den Bäumen unter. Nachts um eins rauschte der Kopenhagen-Berlin-Expreß vorbei. Er störte nur wenige, die meisten schlummerten selig.

Wir hatten den ganzen Abend vor dem Zug verbracht. Ein junges Paar, das auch hier übernachtete, holte nach einer kurzen Phase des Kennenlernens seine Gitarren und spielte Stücke von Segovia bis Janis Joplin, aber auch Lieder wie „Marmor, Stein und Eisen bricht". Alle sangen kraftvoll und in bester Laune mit. Und eine ebenfalls für eine Nacht anwesende Harley-Davidson-Motorradgruppe, fünf starke Typen aus Emden in Ledermonturen, sorgte dafür, daß die Getränke kalt blieben.

Ein gelungener Tag, mit einem einzigen Minuspunkt: Das Essen in einem Restaurant im Ort war ein Reinfall. Ich bekam wieder mal leichten Ärger mit meinen Radlerfreunden, weil ich als einziger das Essen offen kritisierte. Sie sind durchweg begütert und wollten nach dem Essen schnell zahlen und verschwinden, ohne ein Wort der Beschwerde.

Vorsichtshalber probierte ich, bevor ich meine Einwände vorbrachte, unterschiedliche Speisen von anderen Tellern. Einige Essen waren, sagen wir: ordentlich zubereitet, andere schlichtweg ungenießbar, so daß ich in die Runde fragte, wie man so etwas essen könne.

Ein Arztehepaar, er Chirurg, sie Zahnärztin, monierte die

unterschwellige Arroganz der Wessis (sämtliche Teilnehmer kamen aus den alten Bundesländern) gegenüber den Ossis. Man wisse doch, „daß die das nie aufholen werden". Deshalb hielten sie sich mit Kritik zurück. Der Chirurg versuchte die Ossis zu verteidigen, weil er selbst Anfang der fünfziger Jahre als kleiner Junge mit seinen Eltern aus der DDR in den Westen geflüchtet war.

Sucht man nach kulinarischen Perlen aus der DDR, schwärmen die Ossis noch immer von den „besten Brötchen der Welt" (in Berlin heißen sie Schrippen). Es gab sie nur in der DDR, sie kosteten fünf Pfennige. Die Qualität der Brötchen blieb nach der Wende noch einige Jahre erhalten, der Preis hingegen stieg an, wie mir Freunde aus dem ehemaligen Osten erzählten, die ausschließlich wegen der Brötchen von Charlottenburg zu einem Bäcker am Prenzlauer Berg pilgerten, bis er von einer Kette aufgekauft wurde.

F. Auf jeden Fall

Ein Ehepaar aus der Radlergruppe, das nicht in Berlin lebt, kündigt sich für zwei Übernachtungen in meinem Berliner Wohnatelier an. Ich freue mich, ihnen ein Bett anbieten zu können, sie revanchieren sich mit einer Einladung zum Essen. Die knapp bemessene Zeit reicht nur für ein gemeinsames Frühstück in einem Kreuzberger Lokal, zu dem sich noch einige andere gesellen. Ich versuche erst gar nicht, meine Gäste in ein Steglitzer Frühstückscafé zu lotsen, da ich kein überzeugendes kenne.

Man hat schon mit dem Frühstück begonnen, als ich dazustoße. Das Ehepaar erinnert mich an die Einladung und fordert mich auf, zu bestellen, was immer ich möchte. Ich sehe den bereits üppig bestückten Tisch und frage zwei junge Frauen, ob ich ihnen Gesellschaft leisten dürfe. Sie sitzen vor einem riesigen Frühstücksteller, den die beiden gar nicht schaffen können. Mein Eindruck täuscht mich nicht, wir lassen sogar zu dritt etwas übrig. Da ich mit dem Ehepaar eng befreundet bin, erlaube ich mir die Bemerkung: „Und jetzt, Elisabeth, kommt die schwierigere Übung. Ich möchte alles, was auf diesem Tisch übriggeblieben ist, einpacken und mit nach Hause nehmen, auch das Brot."

Ich merke, daß Elisabeth „not amused" ist. Sie schaut mich verdutzt an. „Muß das sein?" Ihr Gatte läuft in die Küche, um Verpackungsmaterial zu besorgen. Am nächsten Morgen, vor ihrer Abfahrt, frühstücken wir noch gemeinsam bei mir zu Hause. Ich hole die Frühstücksreste vom Vortag aus dem Kühlschrank, Schinken, Käse, Butter. Der Rest vom Rest reichte dann für mich noch mehrere Tage.

Oder: Ein befreundeter Maler lädt in seine Stammkneipe, in der er einmal in der Woche Skat spielt, zur Geburtstagsfeier ein. Es ist ihm gelungen, die Skatecke mit eigenen Originalen zu dekorieren, womit er sich eine ständige Ausstellung geschaffen hat. „Für Livemusik sorge ich, das Essen müßt ihr selbst bezahlen", stand auf der Einladungskarte.

In der Ausstellungsecke des Lokals mit bulgarischer Küche sitzen, als ich den Raum betrete, etwa zwanzig Gäste. Am Tisch sind zwei freie Stühle, die meine Begleitung und ich sofort nehmen.

Mir gegenüber sitzt eine Dame, die ich flüchtig kenne. In ihrer Galerie zeigt der Maler zur Zeit eine Ausstellung. Vor ihr steht ein fast voller Teller, auf den sie gerade Messer und Gabel nebeneinanderlegt. Sie ist mit dem Essen fertig.

Ich spreche sie und die um sie herumsitzenden Leute an: „Ich habe da mal eine Frage, speziell an Sie." Ich zeige auf den Teller und schaue in die Runde. „Was hielten Sie davon, wenn ich das Essen, das die Dame zurückgehen läßt, jetzt esse?"

Schweigen. Dann reagiert die Galeristin: „Sie wollen meine Portion essen? Ja, bitte, es ist eh zuviel, das schaffe ich ohnehin nicht."

Sie schiebt den Teller ein wenig in meine Richtung. Ich bestelle neues Besteck und erkläre, warum ich mich so verhalte.

Zwanzig Millionen Tonnen Lebensmittel werden in Deutschlands Privathaushalten jährlich weggeworfen. Bei einer Gesamtbevölkerung von achtzig Millionen Einwohnern wirft jeder Bundesbürger pro Tag 684 Gramm Lebensmittel in die Mülltonne. Wissenschaftler an der Universität Wien haben ausgerechnet, daß der Wert der vernichteten Lebensmittel zirka vierhundert Millionen Euro beträgt. Ein großer Teil der Waren könnte laut der Studie noch verzehrt werden, darunter reifes Obst und Milchprodukte kurz vor dem Verfallsdatum.

In dieser Rechnung sind nicht jene Produkte enthalten, die täglich von Handel und Gastronomie entsorgt werden. Bis zu zwei Millionen Tonnen vernichten Bäckereien, Restaurants, Cafés und Fastfoodläden pro Jahr. Oft handelt es sich dabei um Überschußprodukte, die bei Nichtabnahme nach Feierabend in den Müllcontainer wandern. (29)

Kehren wir jedoch noch mal in das Gasthaus in Garmisch-Partenkirchen zurück. Dort ist mir wieder einmal etwas aufgestoßen, das sich allein durch den Geiz der Betreiber des Lokals erklären läßt.

Wir warteten ungewöhnlich lange auf das Essen. Als ich das in einem günstigen Augenblick und mit den freundlichsten Worten, zu denen ich fähig bin, bei der Bedienung monierte, zuckte sie nur kurz mit den Achseln und sagte, daß sie allein arbeite.

Der Gastraum war ungewöhnlich groß und gut besucht – keine leichte Aufgabe für eine einzige Servierin. Ich ging der Sache nicht weiter auf den Grund, weil schon meine Bemerkung zum spät servierten Essen am Tisch mit wenig Wohlwollen bedacht worden war.

Kritik zu üben, besonders in der Gastronomie, ist nicht leicht. Ein Essen ist kein Gegenstand, der wie ein neuerworbenes Objekt defekt sein kann („Montagsproduktion"). Das Essen zu kritisieren – wer traut sich das? Wenn die Rechnung kommt und die Frage gestellt wird: „Hat es ihnen geschmeckt?", reicht es vielleicht gerade noch zu einer etwas undeutlich formulierten Antwort, für die man sich allerdings umgehend wieder entschuldigt.

Oft sind es gastronomische Kleinigkeiten, die nicht stimmen.

Häufige Fehler: geschmackloses Geschirr und kitschige Papierservietten, und bei der Berieselung mit musikalischen Endlosschleifen ist das Ende der Fahnenstange noch nicht erreicht. Man kann den Wirt nicht zwingen, die Musik abzustellen, man kann ihn jedoch bitten, die Musik leiser zu stellen, so leise, daß einem ein Gespräch keine Mühe bereitet. Schon diese einfache Bitte an das Personal ist nicht jedermanns Sache, und so bleiben die meisten an ihren Stühlen kleben und schreien sich beim Essen an.

Die Liste immer wieder zu beobachtender Mängel rund ums Essen ließe sich endlos fortsetzen, ohne daß der wichtigere Aspekt, die Qualität der Speisen, zur Sprache gekommen wäre.

G. Halbgare Wartezeit in Görlitz

Kritik sollte man üben, wenn zwischen der Bestellung und dem Auftragen der Speisen mehr als eine halbe Stunde verstrichen ist.

Mein Rekord steht bei einer Stunde und zwanzig Minuten. Ich habe das Restaurant in der Nähe von Görlitz schließlich verlassen, jedoch vorher signalisiert, daß ich meine Bestellung zurücknehme. Die anderen Gäste an meinem Tisch sind nach einer hitzigen Diskussion dageblieben. Sie haben es bereut. Das Essen war mies, auch nach langer Wartezeit. Das Lokal war überfüllt, das Personal völlig überfordert. Die Speisen wurden unfertig, zum Teil sogar roh serviert. (30)

Immerhin führte die Diskussion am Tisch schließlich dazu, daß man wegen der extrem langen Wartezeit einen Rabatt verlangte, ohne die Qualität des Essens zu tadeln – was vom Wirt mit je einem Freigetränk quittiert wurde. Ein Rabatt wurde nicht gewährt, wie man mir später erzählte, denn ich hatte ja als einziger das Weite gesucht.

Weit bin ich allerdings nicht gegangen, nur wenige hundert Meter, da ich später wieder zur Gruppe stoßen wollte. Ich fand eine frischgemähte Wiese mit leichter Neigung, auf der ich mich hinlegte und in den Sternenhimmel schaute. Eine echte Alternative.

Solidarität ist in einer solchen Situation die einzige Möglichkeit. Doch die meisten üben sich in Zurückhaltung. Kritik an der Küche wird so gut wie nie vor Ort geäußert. Man ist zu verunsichert und verfügt oft über keine Kriterien. Es gibt gute, mittelmäßige und schlechte Küchen, wie es gute, mittelmäßige und schlechte Kaufleute und Zahnärzte gibt, und Gäste sollten den Mut aufbringen, Kritik in einem freundlichen Ton zu formulieren, wenn sie an einen schlechten Koch oder an unprofessionelles Personal geraten sind, auch dann, wenn sich das Angebot im Niedrigpreisniveau bewegt.

H. Hinter den sieben Bergen
Als ich vor einiger Zeit in der Nähe von Osnabrück mit Freunden essen ging, meinte ich hinterher sehr moderat, daß die Küche an diesem Abend nicht den besten Tag gehabt habe.

Sie schlugen vor, am nächsten Tag in eines der besten Häuser der Stadt zu gehen. Leider fiel mein Urteil danach wieder ähnlich aus, das Essen war nicht gut, es war sogar ungenießbar. Als ich meine Eindrücke gegenüber der Bedienung deutlich, aber höflich zum Ausdruck brachte, sah ich, wie peinlich berührt meine Freunde waren. Wir sprachen anschließend darüber. Sie gaben zu, daß auch dieser Koch nicht seinen besten Tag gehabt hatte, beteuerten aber, sie würden niemals öffentlich Kritik äußern. (31)

Ich sagte, das sei ja gerade das Problem. Wenn niemand Kritik übe, ändere sich auch nichts. Außerdem könne man den Spieß ja umdrehen und behaupten, man habe gerade nicht genug Geld dabei und wolle weniger zahlen. Keine Bedienung und kein Lokal würden das allerdings akzeptieren.

Gewiß ist es in kleineren Städten, wo man sich kennt und auch in anderen Situationen begegnet, schwer, deutlich Kritik zu üben. Man möchte Peinlichkeiten vermeiden, schluckt alles herunter und kommt vorläufig nicht wieder. Es sollte indes dem Gastwirt peinlich sein – und nicht dem Gast.

Ein paar Monate später besuchte ich meine Freunde erneut. Sie

47

hatten ein Lokal auf dem Land ausgesucht. Dort könne ich meckern, dort kenne sie niemand. Das sagten sie im Scherz, denn auf der Hinfahrt lobten sie das Etablissement nach Kräften.

Ich habe gemeckert, weil auch in diesem Wald-und-Wiesen-Restaurant das Preisleistungsverhältnis nicht stimmte und ich mir abermals überlegen mußte, ob ich das zur Sprache bringen oder falsche Rücksicht auf meine Freunde nehmen sollte. Ich habe mich fürs Kritisieren entschieden, auch auf die Gefahr hin, die Freundschaft zwischen uns zu belasten.

Das alles liegt schon ein paar Jahre zurück. Wir kennen uns immer noch und haben uns vor kurzem in Osnabrück in einem der besten deutschen Restaurants verabredet, im *La Vie*. Als ich jedoch hörte, daß das Zwei-Sterne-Restaurant dem RWE-Chef Jürgen Großmann gehört (Kerngeschäft Kernenergie), ist mir der Appetit vergangen. Harald Welzer spricht in seinem *Spiegel*-Essay „Empört euch – über euch selbst! – Plädoyer gegen die Leitkultur der Verschwendung" von Großmann als einem „multiplen Industriedino", dessen Einfluß auch nach dem geplanten Ausstieg aus der Atomenergie bis zum Jahr 2022 immer noch viel zu groß und dessen „Privilegien und Ressourcennutzung" von der Politik einzuschränken sei. Doch nichts geschieht. Bei einem 2008 vom *Manager Magazin* geschätzten Vermögen von 1,3 Milliarden Euro kann Jürgen Großmann locker eine Million in ein Privatvergnügen wie ein Zwei-Sterne-Lokal stecken. Ich hatte mich allerdings schon immer gewundert, warum es in einer strukturschwachen Gegend wie im Raum Osnabrück und obendrein in einer eher kulinarischen Wüste ausgerechnet eines der drei in Norddeutschland gelegenen Zwei-Sterne-Restaurants gibt. (32)

Kulturell-gastronomische Veränderungen können dauern. So äußert sich der Restauranttester Christian Rach in einem Interview mit der *Süddeutschen Zeitung* auch über die Gegend rund um Osnabrück:

„Rach: Wir erkennen, daß sich im Land viel verändern muß,

aber praktisch sind wir nicht bereit, etwas anders zu machen. – Woran machen Sie das fest? – Ich habe in einer kleinen Stadt in der Nähe von Osnabrück gedreht. Eine typische deutsche Stadt, zwischen 20.000 und 30.000 Einwohnern. Drei, vier Firmen, die das wirtschaftliche Leben dominieren. – So eine Stadt stürzt die Wirtschaftskrise dann schnell in Schwierigkeiten. – Genau. In der Stadt gibt es das *Hexenhäuschen*, eine gastronomische Institution. Dort gibt es das Gericht Hollo-Bollo. Das ist so ziemlich das Schrecklichste, was ich in den fünf Jahren als Restauranttester gegessen habe. Hollandaisesauce aus der Tüte mit Bolognese gemischt. Die Leute wollten das unbedingt essen. Das behauptete zumindest der Küchenchef. Da habe ich gesagt: ‚Das kann nicht stimmen, denn sonst wärt ihr ja nicht pleite.‘ Die Antwort: ‚Ja, aber wenn wir Hollo-Bollo nicht mehr anbieten, dann sind wir richtig pleite.‘ Was soll denn der Unterschied zwischen pleite und richtig pleite sein? Diesen Beharrungsstarrsinn gibt es überall im Lande.“ (33)

I. Immer wieder

Zeitwechsel, Ortswechsel. Ich wohne zwei Tage privat bei alten Freunden aus der Jugendzeit, in einem kleinen Ort, unweit von Frankfurt. Wir haben uns zwanzig Jahre nicht gesehen und gehen am Abend in ein gemütliches Lokal, um über vergangene Zeiten zu plaudern.

In der umgebauten Schmiede, die mit einem ungewöhnlichen Weinangebot lockt, wird deftige Hausmannskost angeboten. Der Wirt ist gelernter Schlachter, wie ich in Erfahrung bringe, und die sympathische, kräftige Bedienung kommt aus Leipzig.

Wir wollen nichts essen, konzentrieren uns auf den Wein und das Gespräch. Die Freunde bestellen zwei Gläser offenen Riesling, den sie hier schon oft getrunken haben und den sie mögen. Ich zögere kurz, möchte mir die Speisekarte und das Getränkeangebot noch etwas näher ansehen, entscheide mich dann aber auch für den Riesling.

Die freundliche Bedienung kommt wieder an unseren Tisch, und ich bitte sie, anstatt der drei Gläser gleich eine ganze Flasche zu bringen. Der Riesling wird aber nicht als Flasche angeboten. Ich vermute, ohne es zu sagen, daß der offene Riesling aus einer Dreiliterflasche oder einem Pappkanister kommt und man deshalb keine Flasche bestellen kann. Ich bitte deshalb um einen anderen Riesling in einer Flasche. Er kommt, wird geöffnet und schmeckt uns nicht.

Meine Freunde bestellen jetzt ihren Riesling, offen, im Glas. Die nette Bedienung bietet mir eine Pfütze zum Probieren an. Ich probiere, ohne zu ahnen, daß der kleine Schluck als 0,1-l-Glas auf die Rechnung kommt. Überraschung!

Genauso überrascht war ich, als ich die Rechnung sah. Die 0,75-l-Rieslingflasche, die wir dann doch zu dritt leerten, kostete fünfundvierzig Euro. Der Preis war uns vorher nicht genannt worden, wir hatten allerdings auch nicht gefragt, leider. Ich fühlte mich nicht korrekt behandelt. Und ich saß, wie schon so oft, zwischen zwei sympathischen Menschen, die diesen hohen Preis einfach bezahlen und rasch gehen wollten.

Ich sagte nichts, akzeptierte die Einladung, ohne zu murren, und las die letzten Zeilen auf der Rechnung: „Wir hoffen, es hat Ihnen bei uns gefallen, und würden uns freuen, Sie bald wieder als Gast begrüßen zu dürfen, Ihre Wein …"

Während des Spaziergangs durch die Nacht war mir klar, daß ich beim nächsten Besuch eine andere Lokalität durchsetzen würde.

Genußvoll verzichten? An diesem Abend gern. Wären wir doch zu Hause vorm Kamin sitzengeblieben, mit einer Flasche Riesling von der Nahe, die nur fünfzig Kilometer entfernt durch die schöne Landschaft fließt und dem Wein eine besondere Note verleiht.

J. Ja bitte!

Eine Fahrt von Mailand nach Alba (Piemont). Es fing mit großen Schwierigkeiten an, ein Reifen platzte nach hundert Metern. Aber dann wurde es eine tolle Reise, ohne schlechte Laune, im Gegenteil.

Im Restaurant, das wir ansteuern, einem von italienischen Freunden empfohlenen kulinarischen Kleinod zehn Kilometer von Alba entfernt, geht mittags niemand ans Telefon. Wir entschließen uns, ein anderes uns empfohlenes Restaurant in Alba aufzusuchen. Wir finden einen Parkplatz, müssen jedoch durch die weitläufige Fußgängerzone laufen, was der gehbehinderte Mann in unserer Vierergruppe klaglos hinnimmt.

Massimo, inzwischen achtundachtzig Jahre alt, schreitet mit seinem Gehstock tapfer voran. Für eine gute Mahlzeit geht er meilenweit. Endlich finden wir das *La Libera*. Ein angenehmes Ambiente erfreut das Auge. Der Service – wie sich später herausstellt, ist es die Besitzerin – ist ungezwungen und freundlich. Wir fragen nach etwas Typischem aus der Region und bekommen eine Vorspeise mit verschiedenen Kleinigkeiten: Antipasti mit Fleisch, Kuhtatar, Di manzo, Vitello tonnato, Insalata russa, Peperoni ripieni, Mix aus Brot, Tortino di asparagi, Taglierini mit Fleischsoße, Ravioli del plin mit Fleischbraten. Dazu Weiß- und Rotwein, ein roter Dolcetto aus dem Piemont. Primi piatti, dünne Nudeln in einer Fleischsoße, kleine Portionen, drei weitere Portionen liegen noch vor uns. Wir brechen beim nächsten Teller ab, kleine Maultaschen mit Fleisch und Spinatfüllung, dazu Parmesan, dünn geraspelt. Wir sind entzückt. Mehr geht vorerst nicht.

In einer Wandvitrine glänzt eine Reihe Käsestücke. Wir entscheiden uns auf Empfehlung des Hauses übereinstimmend für einen gemeinsamen Teller mit zehn verschiedenen Käsesorten, die im Kreis aufgereiht sind und im Uhrzeigersinn gegessen werden. In der Mitte des Tellers ist ein Klecks Marmelade. Alle zehn Käsesorten kommen aus der Region, wie alles hier, von der Vorspeise bis zum Wein. Dolce und Kaffee wollen wir woanders genießen. Nur wenige Schritte führen uns in ein kleines Café an der nächsten Ecke. Die Düfte, die den Gastraum erfüllen, sind betörend.

Nur durch die Hartnäckigkeit unserer italienischen Begleitung kamen wir in den Genuß eines außergewöhnlichen Essens zur Mittagszeit, an einem gewöhnlichen Mittwoch im April. Wir hätten, nachdem wir einen passablen Parkplatz gefunden hatten, auch in das nächstbeste Restaurant gehen können. Gleich neben dem Parkplatz lachte uns eine *Pizzeria Duchessa* an. Durch die Fensterscheiben waren Gäste zu sehen, die sich munter unterhielten. Wir setzten unseren Weg trotzdem fort, bis wir das *La Libera* endlich gefunden hatten.

Wir lobten das Essen, das Lob erging auch deutlich hörbar an die Bedienung. Bemerkenswert war aber vor allem die Kommunikation zwischen unserer Begleitung und der Bedienung. Bereitwillig wurde uns jedes Detail des Essens erklärt, und es entwickelte sich sogar eine kurze fachmännische Diskussion über den Wein, von dem unser trinkfester und rüstiger italienischer Begleiter sofort mehrere Flaschen kaufen wollte. Man gab uns den Tip, in der nächsten Vinoteca nachzufragen, dort sei er mindestens fünfzig Prozent billiger. Der Preis für unser Essen bewegte sich übrigens im mittleren Segment.

Genußvoll verzichten? Ja, auf das erstbeste Restaurant, aber nicht auf gute Ratschläge.

Eine weitere Begegnung – diesmal in Spanien, an der galizischen Küste, ein wenig außerhalb von Vigo – verdeutlicht diese selbstverständliche, kulturell bedingte Haltung zum Essen und Trinken. Nach dem Schwimmen im Meer treffen wir uns im Garten eines spanischen Bekannten. Die Eheleute verschwinden im Haus, um Wein sowie Oliven, Schinken, Käse und Brot zu holen. Das zieht sich hin, und wir werden schon etwas unruhig.

In unregelmäßigen Abständen kommt immer wieder der Mann oder die Frau aus dem Haus und kündigt an, in Kürze sei es soweit. Den Grund für das Warten erfahren wir nebenbei: Sie haben keinen kalten Weißwein in Reserve und auch keinen Tischkühler. Sie bemühen sich daher, die lauwarme Flasche mit Eis so schnell wie möglich in einen gutgekühlten Wein zu verwandeln. Den Vorschlag, den Wein zur Not mit Eiswürfeln zu trinken und dabei zu verwässern, lehnen sie vehement ab.

So warten wir fast eine Stunde, bis die Flasche die richtige Temperatur hat, aber die Tradition bleibt gewahrt.

K. Kellner

Negative Eindrücke vom Service sammelt man immer wieder. Eine letzte, kürzlich gemachte Erfahrung: Wir sind in einem gutgehenden italienischen Restaurant. Vorne im Thekenbereich kann man an kleinen Holztischen auf einen schnellen Espresso oder ein Glas Wein vorbeischauen. Der hintere Bereich des Lokals ist für Gäste reserviert, die in Ruhe an Tischen mit weißen Decken speisen wollen.

Ich schaue nicht gern direkt auf eine Wand, deshalb setze ich mich neben meinen Freund an einen zweiten Tisch gleich neben der Eingangstür.

Die Speisekarte sieht vielversprechend aus. Wir überlegen, ob wir nicht nur etwas trinken, sondern auch eine Kleinigkeit essen. Ich entdecke Pfifferlinge mit Aprikosen, eine seltene saisonale Vorspeise, und frage den Kellner: „Mit wie vielen Pfifferlingen kann ich rechnen?"

Er schaut mich an und antwortet nicht.

„Ich meine, ist es eine große Portion Pfifferlinge, oder sind es eher wenige?"

„Die Portion ist eher groß."

Dann legt er zwei Bestecke mit Servietten auf den Tisch, an dem mein Freund sitzt, eins auf seine Seite, eins auf die gegenüberliegende. Da sitzt aber niemand. Ich sitze ja am Nebentisch. Der Kellner fordert mich mit dieser Geste auf, meinen angenehmen Platz freizumachen und mich zu meinem Freund zu setzen. Auf unsere Nachfrage sagt er: „Vielleicht kommen noch andere Gäste. Ich brauche dann den Tisch."

Neben uns sind drei Tische frei, und es ist insgesamt nicht viel los. Solange wir hier sind, wird sich niemand an die freien Tische setzen. Ich füge mich trotzdem.

Die Pfifferlinge sind reichlich und ausgezeichnet. Trotzdem

bleibt ein schaler Nachgeschmack zurück, wegen der Maßregelung durch den Kellner.

Die Situation erinnerte mich an meine Besuche in der DDR. In den wenigen Restaurants und Cafés wurde man stets „plaziert". Der Kellner bestimmte, wo man zu sitzen hatte, auch wenn sämtliche Plätze frei waren. Das roch nach Zwang. (34)

L. At last: Verona

Im Winter 1989 fuhren wir auf der Autobahn über holpriges Pflaster Richtung Dresden. Wir waren bereits am Rand von Berlin eine halbe Stunde Schrittempo gefahren, so voll waren die Straßen. Viele nutzten zum erstenmal die Gelegenheit, ohne Kontrollen kreuz und quer durch die DDR fahren zu können. Seit einem Monat war die Mauer Geschichte.

Ich wollte einen Fotografen besuchen, der seine Bilder jahrelang durch einen Kurier zu mir hatte hinüberschmuggeln lassen. Der Kurier war die Geigenlehrerin meiner Tochter gewesen. Sie flog an der Grenze nie auf, so konnte ich mit den Fotos arbeiten.

Der Fotograf wohnte ein wenig außerhalb von Dresden. Ein Telefon besaß er nicht. Nach längerer Suche fanden wir das versteckt gelegene Haus. Er war nicht zu Hause. Ich heftete einen Zettel hinter die Klingel, auf dem ich versprach, in Abständen von je einer Stunde wiederzukommen. Bis zum frühen Abend hatten wir keinen Erfolg.

Meine Begleitung und ich beschlossen, im Zentrum von Dresden ein Hotelzimmer zu nehmen, um am nächsten Tag noch einmal unser Glück zu versuchen. Wir fanden ein Zimmer mitten in der Innenstadt, und nur im *Ratskeller* hatten wir die Chance, um neun Uhr abends noch etwas zu essen und zu trinken zu bekommen.

Wir wurden an einen Tisch gesetzt, der uns nicht gefiel, den wir aber akzeptieren mußten. Die Getränke kamen flott, und kurze Zeit später geleitete der Kellner ein Pärchen zu unserem Tisch, obwohl viele andere frei waren.

54

Der Brauch des Plazierens war sofort Auslöser für ein Gespräch mit unseren Tischnachbarn. Sie kamen aus Italien und sprachen ein bißchen Englisch. Sie waren auf dem Weg nach Berlin, um den ersten Jahreswechsel ohne Mauer am Brandenburger Tor zu feiern. Aus der ganzen Welt kamen die Menschen nach Berlin, um die wunderbare Atmosphäre zu genießen, die durch den Mauerfall entstanden war.

Am nächsten Morgen trafen wir uns im Frühstücksraum wieder. Wir hatten vor, noch einen halben Tag auf den Fotografen zu warten und dann gegebenenfalls weiterzufahren. Da wir uns mit dem Paar aus Italien gut verstanden, zog sich das Frühstück in die Länge. Als wir uns verabschiedeten, drückte ich den beiden meinen Wohnungsschlüssel und meine Adresse in die Hand und lud sie ein, ihre Zeit in Berlin in meiner Wohnung zu verbringen, da es nicht leicht sein würde, ein Hotelzimmer zu finden. Sie nahmen das Angebot an.

Der Fotograf tauchte nicht auf, wir setzten unsere Reise fort. Nachdem wir nach Berlin zurückgekommen waren, verbrachten wir mit Donatella und Roberto noch ein paar gemeinsame Tage, bis sie in ihrem schwarzen Golf wieder gen Süden aufbrachen. Donatella gab mir zum Abschied ihre Adresse in Verona, mit der Bemerkung, doch mal vorbeizuschauen.

Drei Jahre später fuhren wir nach Italien. Donatellas Adresse hatten wir dabei. Ihre Wohnung lag in der Altstadt, in der Nähe des Balkons, auf dem angeblich Julia einst auf Romeo gewartet hat. „Balkon, Romeo, Julia, ich", hatte Donatella neben ihre Adresse geschrieben.

Donatella hatte sich inzwischen von ihrem Freund getrennt. Sie lebte allein und freute sich sehr über unseren Besuch. Am folgenden Tag fuhren wir zu einem ihrer Freunde, der auf halber Strecke nach Venedig ein Landhaus mit Atelier besaß. Vor dem Haus war ein großer Grill aufgebaut, das Fleisch brutzelte schon, und es wurde reichlich Wein gereicht.

Wir fühlten uns sofort aufgehoben. Der Hausherr, ein in der Region bekannter Maler, zeigte uns einen Teil seines Anwesens, danach saßen wir an langen Tischen unter Bäumen. Als schließlich Kaffee angeboten wurde, drehte ich eine Flasche des guten Weins um und begutachtete das Etikett. Mit nicht geringer Verblüffung las ich Donatellas Namen. Ich schaute mir weitere Flaschen an. Auf jeder Weißwein- und Rotweinflasche stand ihr Name.

Ich fragte den Maler, wie Donatellas Name auf die Etiketten gelangt sei oder ob es zufällig eine zweite Donatella mit dem gleichen Nachnamen gebe. „Hat euch denn niemand gesagt, daß Donatella eine der reichsten Frauen Italiens ist? Das Haus, in dem ich wohne, gehört ihr, ich habe es nur gemietet. Der Berg dort hinten, mit den Weinstöcken, gehört ihr. Um es kurz zu machen: Hier in der Gegend gehört fast alles ihr. Daß ihr einfach so eure Wohnung zur Verfügung gestellt habt, hat sie schwer beeindruckt.“

Ich nahm einen Schluck Wein, kostete und sagte: „Kein schlechter Jahrgang. Spritzig, feurig, mit einer leichten Aprikosennote. Und ganz stark: die Brombeere im Abgang.“

6 IN VINO VERITAS? BROMBEERE IM ABGANG

A. Probieren geht über studieren

Zu Hause trinke ich Wasser nur aus dem Hahn. Im Café oder im Restaurant bestelle ich auch hin und wieder Leitungswasser, was meistens nicht gern gesehen wird. Wein kommt bei mir nicht aus der Leitung, Weine muß ich kaufen. Weine machen Spaß.

Welcher Wein ist wirklich gut? Eine schwierige Frage. Nach vielen Jahren kann ich einen einfachen Rat geben: Man sollte den Wein trinken, der einem schmeckt. Meine ersten Erfahrungen mit Wein machte ich in den siebziger Jahren im Markgräflerland. Die Weinproben bei den Winzern waren grandios, und ich war regelmäßig blau. Jedesmal wurde eine stattliche Reihe unterschiedlicher Weine verkostet, und niemand wußte genau, wie eine richtige Verkostung eigentlich vonstatten geht. Ich trank jedes Glas bis zur Neige aus. Am Schluß schleppte ich mich auf wackeligen Beinen durch die Gegend zurück zu meiner Pension. Dabei war der Markgräflerwein in den siebziger Jahren viel zu süß. Es heißt natürlich schon lange nicht mehr „süß", sondern „trocken" oder „halbtrocken".

Es ist unter anderem einem Wirt und Weinkenner aus dem Kaiserstuhl, Franz Keller, zu verdanken, daß sich nicht nur in Baden, sondern allmählich in ganz Deutschland eine neue Weinkultur durchgesetzt hat. Mitte der siebziger Jahre betrat ich das erstemal den *Schwarzen Adler*, Franz Kellers Gasthaus in Oberbergen (Kaiserstuhl), das heute von seinem Sohn Fritz geführt wird. Ich merkte schnell: Hier war ich Gast und immer willkommen.

Auf die wenigen Weinmessen in Berlin gehe ich regelmäßig zusammen mit einem Genußtrinker, der aus dem Weintrinken eine Philosophie entwickelt hat. Jedenfalls lagern in seinem Keller einige hundert Flaschen. Auf der letzten Weinmesse haben wir uns an einem Frankenweinstand spontan zu einer fünftägigen Fahrradtour entlang des Mains verabredet. Im nächsten Frühjahr waren wir dann am Main in Sachen Wein unterwegs.

Der Main ist einer der wenigen Flüsse in Deutschland, die von Ost nach West fließen. Vielleicht liegt mir dieser Fluß daher ganz besonders am Herzen. Zum dritten Mal nehme ich mir fünf Tage Zeit, um ein Stück den Main entlangzuradeln. Von den drei Konstanten Wein, Mai und Main enttäuscht nur der Mai. Schon beim Start in Würzburg wird die Regenpelerine übergezogen und bis zum Abend nicht mehr abgelegt.

Es regnet jeden Tag. Unsere Tagesetappen sind nicht länger als fünfzig Kilometer. Wir brauchen Zeit für die Suche nach herausragenden Weingütern und die Verkostung vor Ort. Besuche bei zwei Winzern, bei Horst Sauer und bei Rainer Sauer, haben wir bereits hinter uns.

Die Weine vom Escherndorfer Lump überzeugen uns bei beiden Winzern, die nicht miteinander verwandt sind und ihre Weingüter an der Hauptstraße fast vis-à-vis betreiben. Horst Sauer kann man als einen der deutschen Weißweinstars bezeichnen. Ohne jedes Pathos darf man sagen, daß die in Deutschland angebauten Weißweine zu den besten weltweit gehören.

In Mainfranken sind es vor allem Silvanertrauben, aber auch Müller-Thurgau, Scheurebe und Riesling. Der Boden des Lump, eines langgestreckten, komplett mit Weinstöcken besetzten Berges direkt an einer Mainschleife, besteht aus Muschelkalk und Lößlehm. Die Kombination aus Hangneigung, Sonneneinstrahlung und Boden ist wohl einmalig. Dieses Terroir bietet die besten Voraussetzungen für einen unverwechselbaren und langlebigen Wein. (35)

Meine Skepsis gegenüber Weinen von Winzern, die von allen gelobt werden und regelmäßig in den Medien auftauchen, wie das bei Horst Sauer der Fall ist, ist während der unterhaltsamen Weinprobe mit Frau Sauer gewichen, einer Degustation nach dem Motto: anklopfen und probieren, auch kurz vor Feierabend. Sie bescherte uns wahre Gaumenfreuden. Schuld daran war der gerade auf Flaschen gezogene 2009er Jahrgang.

In Würzburg am Juliusspital regnet es. Wir schlüpfen in einen

Weinladen des Spitals, in dem man preiswerte Schoppen bekommt. Die Weinecke mit einfachen Holztischen ist so früh am Vormittag mäßig besetzt. Den gut ausgeschenkten Schoppen (0,25 l Silvaner 2008) holt man sich an der Rückseite des Weintresens.

Das fast ausschließlich ältere Publikum hat sich mit Brotzeiten eingedeckt, frisch vom Bäcker oder vom Metzger in der Nachbarschaft. Geschirr und Besteck stellt die Gaststätte gratis. Mitgebrachter Leberkäse mit Brötchen, dazu einen 2008er Silvaner für 2,70 – der erste Höhepunkt des Tages.

Entlang des Mains geht es mitten durch die Stadt Richtung Zell am Main. Der mitunter schauerartige Regen treibt uns unter schützende Dächer. Doch nicht überall gibt es gemütliche Gasthöfe, also geht es weiter.

Unser nächstes Ziel liegt in Margetshöchheim. Dort findet man in der Lutzgasse das Weingut Scheuring. Das hohe Holztor ist zugesperrt. Es ist Mittagszeit, und wir stellen uns unter den Vorsprung einer gegenüberliegenden Garage. Fünf Minuten, nachdem wir die junge Winzerin, Ilonka Scheuring, angerufen haben, rauscht ein dunkelgrüner VW-Pickup heran und hält vor der Hausnummer 6.

Wir haben Frau Scheuring im Januar des Jahres auf einer Weinprobe im Berliner Rathaus Schöneberg kennengelernt und bei ihr sofort einige Flaschen Spätburgunder, den Leinacher Himmelberg 2008, gekauft. Der Wein ist im Holzfaß gereift und schmeckt nach feinen Himbeeren und Waldbeeren.

Im Schöneberger Rathaus bot sie die Flasche für fünf Euro an. Da konnte man nicht nein sagen. Mir hat er recht gut geschmeckt, meinem in Sachen Wein sehr erfahrenen Weinradtourbegleiter weniger. Jetzt möchten wir in aller Ruhe den neuen Jahrgang 2009 verkosten. Besonders loben müssen wir die 2009er Scheurebe (Stachelbeer- und Holunderblütennoten) in der 0,75-l-Bordoflasche (ja, um sich abzugrenzen, heißt es nicht „Bordeaux"), ebenfalls für fünf Euro. Fast eine Stunde dauert unser Test. Der 2009er verspricht, ein sehr guter Jahrgang zu werden.

Zwischendurch tauschen wir uns über diverse Themen rund um den Wein aus: Korken, Schraubverschluß oder Glasverschluß; Barrique und Holzfaß; Spätburgunder oder Domina. Die junge Winzerin macht auf uns einen höchst kompetenten und freundlichen Eindruck. Von ihrem Wein sind wir sogar begeistert. Die Bestellung folgt per Post. (36)

In Bürgstadt, an unserer Endstation, übernachten wir in einem der schönsten Hotels am Main, einschließlich des Roten und des Weißen Mains, im schon erwähnten *Weinhaus Stern*. Es ist wieder alles bestens: die Zimmer, die Wirtin, der Koch, die Speisekarte, das Essen, die Weine und das fabelhafte Frühstück. Wir sind zwei Nächte geblieben und haben nichts bereut. Die Zimmer für den nächsten Aufenthalt sind schon gebucht.

Das Weingut Rudolf Fürst in Bürgstadt gilt im Rotweinbereich als eines der besten in Deutschland. Andere Winzer in Bürgstadt ziehen nach: Neuberger, Meisenzahl, Hench, Sturm, Stich, Helmstetter. Der Centgrafenberg, im Rücken von Bürgstadt gelegen, bringt gute Spätburgunder hervor. In Bürgstadt hat sich in Sachen Wein in den vergangenen Jahren wirklich einiges getan.

B. Kleiner Weinwettbewerb

Eines Tages mache ich mich in Bürgstadt auf den Weg und laufe alle zwölf relevanten professionellen Winzerhöfe ab, um je zwei Flaschen Spätburgunder für eine Weinprobe zu kaufen, alle vom gleichen Jahrgang, 2004, und alle von der gleichen Lage, vom Centgrafenberg. Den einzigen Unterschied macht der jeweilige Winzer aus. Die Frage bei meiner privaten Verkostung, zu der ich zehn Weininteressierte aus meinem Bekanntenkreis eingeladen habe, lautet also: Wie groß ist der Einfluß des Winzers unter gleichen Startbedingungen?

Sämtliche Weine werden blind verkostet, jeder Tester beurteilt schriftlich Farbe, Nase und Geschmack und vergibt Noten von 1 bis 6.

Die Eindrücke differieren erheblich. Während der Auswertung

kristallisieren sich drei Spitzenreiter heraus, es folgt ein trinkbares Mittelfeld. Drei Weine fallen so sehr ab, daß von ihnen übereinstimmend abgeraten wird. Den ersten Preis erhält der Wein mit dem besten Preisleistungsverhältnis. Auch ich habe den Sieger in meiner Bewertung favorisiert, eine Spätburgunder-Bocksbeutelflasche (0,75 l, 6,70).

Interessierte Weintrinker suchen nach dem ultimativen Wein vom ultimativen Winzer, der zudem ökologisch arbeitet. Um ihn zu entdecken, sollte man tiefer in eine Flasche schauen, die Flasche vielleicht auch einmal in die Hand nehmen und lesen, was auf dem Etikett steht. Genußvoll verzichtet der Interessierte auf Billigweine, die Reinhard Heymann-Löwenstein auch Fast-Food-Weine nennt.

Heymann-Löwenstein, ein Winzer von der Mosel, schreibt in seinem Buch *Terroir – Weinkultur und Weingenuß in einer globalen Welt* vom Wein als Kulturgut. (37) Man ist von seinem flüssigen Stil angenehm überrascht. Seine versierten Ausführungen spickt er mit Zitaten von Franz Josef Degenhardt über Pablo Neruda bis zu Hegel. Ein Fundstück aus dem Buch sei auszugsweise zitiert, ein Lied von Franz Josef Degenhardt:

„Ich möchte Weintrinker sein
und nicht immer diese hellen Schnäpse saufen,
nicht von Dingen reden, die nur mich angehn,
mir nicht für zwei Gläser Bier Verständnis kaufen,
nicht mit jenen streiten, die am Tresen stehn
[…]
mit Kumpanen lachend ein paar Lieder singen,
die sich um Trinken, Mädchen und um Liebe drehn
[…]
Ich möchte Weintrinker sein."

Heymann-Löwenstein hebt hervor, daß sich in der Welt des Weines in den vergangenen Jahren einiges getan hat. Er nennt zum Beispiel solch erfolgreiche Organisationen wie Slow Food, die seiner Meinung nach in der Mitte der Gesellschaft angekommen sind. (38)

Darüber hinaus weist Heymann-Löwenstein auf einen immer größer werdenden Kreis von gutausgebildeten Winzern hin, die alles daransetzen, „authentische und ökologisch verantwortbare Weine herzustellen". (39)

Im gleichen Atemzug reitet er immer wieder sanfte Attacken gegen den „Kindergeschmack in der Erwachsenenwelt", der vor allem durch Unternehmen wie Coca-Cola und McDonald's mit aufwendigen Werbestrategien durchgesetzt wird. Süß muß es sein. Davon ist auch der Wein betroffen: „Während die geschmacksoptimierten Coca-Cola-Weine der Plastico-Fantastico-Fraktion in Supermarktregalen und Jetsetabsteigen ihre globalisierten Triumphe feiern, merken immer mehr Weinliebhaber, daß sie sich eigentlich nach etwas anderem sehnen. Nach einem ehrlichen, anständigen Wein." (40)

Ein weiterer Dorn im Auge sind ihm neben der globalen Fast-Food-Schwemme die Billigangebote der Discounter. Seine Zahlen sprechen für sich. Er geht davon aus, daß neunzig Prozent der in Deutschland verkauften Flaschen weniger als zwei Euro fünfzig kosten. Nur fünf Prozent der Weine werden für mehr als fünf Euro verkauft. (41)

Der Preis für eine Flasche Wein, die etwa drei Euro kostet, hat mich schon immer nachdenklich gestimmt. Der Winzer füllt seinen Wein in eine Flasche, die einen Korken oder Schraubverschluß und ein Etikett braucht. Man kann sich an fünf Fingern ausrechnen, daß die reinen Produktionskosten bei drei Euro nur schwer zu decken sind. Nicht zu vergessen: Im Flaschenpreis sind auch noch die Margen des Zwischenhandels enthalten, der erfahrungsgemäß zwischen zwanzig und fünfzig Prozent abzweigt.

Eine Flasche Wein, die im Regal des Discounters für drei Euro steht, verläßt für etwa zwei Euro den Hof des Winzers. Die Kosten für die neue Flasche, den Korken und das Etikett, das gedruckt und aufgeklebt werden muß, belaufen sich, „mit Knirsch gerechnet", auf einen Euro. Es bleibt für den Winzer ein Verdienst von einem Euro, mit dem er alle weiteren Unkosten begleichen muß, bevor er dann noch etwas verdient. Diese Rechnung kann nur zu Lasten des Weinniveaus aufgehen.

Heymann-Löwenstein bietet seine Terroir-Weine nicht unter zehn Euro an, und das ist gut so. Er kommt aus einer Winzerfamilie in Winningen an der Mosel, nicht weit von Koblenz entfernt. Der Stammbaum der Winzerfamilie läßt sich bis ins 15. Jahrhundert zurückverfolgen.

Die Arbeit in den Weinbergen an der Mosel war schon immer äußerst hart. Bei Winningen befinden sich mit die steilsten Hänge. Lage, Schiefergrund, Traube und die Feuchtigkeit von der Mosel bilden zusammen den Rohstoff für die ungewöhnlichen, wunderbaren und geheimnisvollen Weißweine. Traditionell sind es vorwiegend Rieslinge, die zu den weltweit besten Weinen gehören.

Inzwischen benutzen die Winzer in Winningen an der Uhlener Lage einen Aufzug, um schneller und effektiver arbeiten zu können. Ich bin an einem herrlichen Sommertag zusammen mit dem Winzer Thomas Löwenstein in langsamer, schwindelerregender Fahrt bis auf die Spitze des Uhlener Hangs gegondelt. Man hat zuweilen die Vorstellung, senkrecht am Hang zu stehen. Der Blick von oben ins Moseltal ist dann allerdings phantastisch und läßt die Auffahrt schnell vergessen.

C. Weindeutsch

Was Genießer beim Weintrinken letztlich empfinden, weicht stark voneinander ab, und zuweilen sind die schriftlichen und mündlichen Beurteilungen des edlen Tropfens kurios.

Oft hört man bei Rotweinen: „Brombeere im Abgang" – ein Urteil, das ich nachvollziehen kann. Thomas Platt, ein Gastrokritiker, notierte einmal zu einem Wein, er schmecke nach „einer Dampflokomotive und unreifen Himbeeren".

Im Netz fand ich auf einer Seite mit Kommentaren zu einer

Auktion, in der auch Weine von Heymann-Löwenstein angeboten wurden, folgenden Text, der sich auf eine Flasche Winninger Uhlen R (einen Riesling) bezieht, die mehr als hundert Euro erbrachte: „Schöne goldgelbe Farbe, komplexer Duft nach gelben Früchten und nassen Steinen, am Gaumen reifer Pfirsich und wieder Mineralien, leichte Süße, die aber dank einer dagegengestellten feinen Bitternote absolut unaufdringlich wirkt. Die Säure ist sensorisch kaum spürbar, der Wein wirkt weich und cremig. Enorme Dichte und Komplexität, beinahe endlos langer Abgang. 92 Schulzpunkte. Ich würde noch höher punkten, wenn mich nicht eine ganz minimale Tendenz in Richtung Brandigkeit stören würde. Der Alkohol ist für mich einen Hauch zu präsent. Und eine Spur mehr schmeckbare Säure würde dem Uhlen R vielleicht noch mehr Spannung verleihen." (42)

Reinhard Heymann-Löwenstein vertraut bei der Produktion seines Weines vor allem auf den Terroirboden, den mit Schiefer durchsetzten Grund. Insofern kann man bei ihm von einem Regionalisten sprechen, der all seine Kraft und all sein Können den speziellen Gegebenheiten dieser Gegend anvertraut.

Manch einer wird sich nach diesem Exkurs über Wein fragen, welche Rolle der genußvolle Verzicht in ihm spielen mag. Ganz einfach: Kaufen und trinken Sie regionale deutsche Weine. Fahren Sie in ein Weinbaugebiet, und probieren Sie die dortigen Weine beim Winzer.

Neben dem Weiß- kann sich auch der deutsche Rotwein seit einigen Jahren mit der europäischen Konkurrenz messen. Wer unbedingt Weine aus Übersee (vor allem aus Chile, Australien, den USA) kaufen möchte, soll das tun. Das Gewicht des ökologischen Rucksacks versteht sich da von selbst. Deshalb bieten sich dann doch eher die teils ausgezeichneten Weine aus Österreich an, vor allem die Rotweine. Und: Verzichten Sie auf Fast-Food-Weine.

7 FISCHERS FRITZ

A. Ackermann

In Berlin gibt es nur ein Zwei-Sterne-Restaurant – mit dem etwas ausgefallenen Namen *Fischers Fritz*. Es hat Zuflucht gefunden am Gendarmenmarkt, im Hotel Regent. Mit dem Hotel im Rücken ist es für den Küchenchef leichter zu kalkulieren. Zahlungskräftige Gäste sind bereits im Haus, sie müssen nur ins Restaurant gelotst werden.

Fischers Fritz bietet preiswerte Mittagsmenüs an, die auch ich mir leisten kann: 19 Euro für einen Gang, 28 für zwei, 39 für drei Gänge. Beispiele:

Vorspeise: Süßsaurer Salat vom Hokkaidokürbis mit Onsenei und Vincotto-Kürbiskern-Vinaigrette. Hauptgericht: Bresse-Wachtel vom Holzkohlengrill, Salat von Bobby-Bohnen, Himbeeren und Arganöl.

Oder:

Gegrillte Dorade mit persischem Dattelreis, Ayran von Kardamom und Koriander. Dessert: Zwetschgenconsommé mit Fromage Blanc, Malzbaiser und Litschisorbet.

Mittagstisch im November 2009: gepflegte Atmosphäre, sehr aufmerksames Personal, ganz leise Musik im Hintergrund, keine wäre besser. Das Essen schmeckt ausgezeichnet. Auf der bewußt schmalen Karte wird fast ausschließlich Fisch angeboten, kombiniert mit feinsten Soßen.

Es ist nicht übertrieben, von einer Explosion im Mund zu sprechen, die Textur der Speisen ist perfekt. Das Essen entwickelt sich zu einem sensorischen Erlebnis. Die Portionen des Zwei-Gänge-Menüs sind so abgestimmt und gewichtet, daß man mit etwas Brot und einem zu zweit geteilten Dessert aufs trefflichste gesättigt ist. Das Preisleistungsverhältnis übertrifft dasjenige aller vergleichbaren Restaurants. Ich nehme mir vor, mindestens einmal in der Woche an diesem Tisch zu sitzen.

Das zum Mittagsmenü gehörige Weinangebot fällt aus meinem preislichen Rahmen, gefällt jedoch durch die Auswahl guter deutscher Weine. Eine Überraschung für mich: ein 0,1-l-Glas Rudolf Fürst Centgrafenberg aus Bürgstadt, Spätburgunder 2006. Beim Preis – vierzehn Euro – muß ich schlucken. Die ganze Flasche kostet in Bürgstadt ab Haus sechzehn Euro.

Der teuerste Wein ist ein Burgunder-Rotwein, ein 2004 Romanée Conti Grand Cru, die Flasche für 5.800 Euro. Das berühmteste Weingut im Burgund gilt als eines der besten der Welt. Ich würde gern ein Glas von der Domaine de la Romanée-Conti probieren, muß aber aus Kostengründen passen. Vielleicht gelingt es mir irgendwann, eine Flasche mit anderen zu teilen, dann käme man bei tausend Euro pro Glas und Person noch, na ja: relativ preisgünstig in den Genuß eines der besten Weine überhaupt.

Aber mittags trinkt man ohnehin besser Wasser. Das *Fischers Fritz* hat eine personelle Besonderheit im Köcher. Der Sommelier ist einer der wenigen echten Wasserexperten in der deutschen Gastronomie. „Medium, ohne, mit, hell, trüb, klar?"

Spitzenkoch Christian Lohse geht durch die Reihen, nicht in Weiß gekleidet, sondern durchweg schwarz. Die Küchenschürze reicht bis zum Boden.

Am Nachbartisch sitzt Josef Ackermann. Angenommen, Josef Ackermann und ich essen zum gleichen Preis zu Mittag, also für fünfzig Euro pro Person. Für fünfzig Euro kann man zwei Gänge ordern und ein 0,1-l-Glas Weißwein trinken – ein faires Angebot.

Geht man nun von jeweils einem Jahresgehalt aus, ergibt sich folgendes Bild: Ich könnte mit meinem Gehalt pro Jahr 1,36 Mal am Tag für fünfzig Euro essen, Herr Ackermann pro Jahr 493 Mal am Tag. Oder: Ich könnte ein Jahr und fünfunddreißig Tage lang jeden Tag für fünfzig Euro essen, Herr Ackermann fünfhundert Jahre lang. Gehe ich zweimal am Tag für fünfzig Euro essen, kann ich zweihundertsiebzig Tage essen gehen. Geht Herr Ackermann zweimal am Tag für fünfzig Euro essen, kann er zweihundertfünfzig

Jahre essen gehen. Nimmt er eine Person mit und bezahlt für sie fünfzig Euro, können beide zweihundertfünfzig Jahre lang zusammen jeden Tag essen gehen, nehmen sie ein dritte Person mit, können alle drei einhundertfünfundzwanzig Jahre lang essen gehen. (43)

Es kommt schon mal vor, daß unter bestimmten Umständen ein Preisnachlaß gewährt wird. Ihn im *Fischers Fritz* auszuhandeln könnte ich mir durchaus vorstellen, seit ich Christian Lohses Vorstellungen von der Gastronomie kenne. Mit dem Mann kann man reden. Allerdings braucht man gute Argumente.

Lohse möchte in seinem Haus die Kommunikation anregen. Darunter versteht er interaktives Essen, „nix Steifes". Da er seine ausgezeichneten Soßen separat und in reichlichen Mengen serviert, ermuntert er die Gäste dazu, sich auszutauschen und möglicherweise gegenseitig zu probieren (was wir zu dritt selbstverständlich ohne Aufforderung gemacht haben).

Im *Fischers Fritz* bin ich von Anfang bis Ende hervorragend bedient worden. Eine Auseinandersetzung wegen der Höhe der Preise wäre unangebracht, vom Preisleistungsverhältnis profitiert hier der Gast. Auf ein Essen im *Fischers Fritz* zu verzichten wäre ein Verzicht auf hohen Genuß. Aber weil sich Christian Lohse nicht auf die regionale Küche beschränkt, zwickt uns das moralisch-ökologische Gewissen. Doch auch wenn der eigene ökologische Rucksack geringfügig belastet wird: Einmal im Jahr zu *Fischers Fritz*! Das trainiert alle fünf Sinne.

B. Berliner Küche

Seit den sechziger Jahren wurde die Berliner Küche, die traditionell karg ist, auf der Basis von Kartoffeln, Rüben, Kraut und einem Klacks Roter Grütze von vielen internationalen Kochtöpfen beeinflußt.

Zuerst kamen die Italiener, Espresso und Spaghetti im Gepäck, dann brachten die Türken den Döner und ihre Gewürze mit, die

Griechen Öl und Oliven, und schließlich siedelten sich diverse Asiaten an, von denen die Vietnamesen und die Thais am häufigsten frequentiert werden. Sie haben die chinesische Küche so gut wie verdrängt.

Die afrikanische und die südamerikanische Küche spielen so gut wie keine Rolle, Portugiesen und Spanier tauchen eher am Rande auf. Gefragt, in welches spanische Restaurant ein in Berlin arbeitender spanischer Journalist gehen würde, antwortete er: in keines, da es in Berlin keinen guten Spanier gebe und er deshalb eine ganze Reihe italienischer Restaurants bevorzuge.

Insgesamt hat die Zuwanderung der Berliner Küche einen enormen Schub verliehen. Auch die Berliner Presse geht fleißig essen und berichtet ausführlich über kulinarische Themen.

Wenn ich mich mit dem Fahrrad durch die Stadt bewege, sehe ich mehr als mit dem Auto. Am Winterfeldtplatz findet zweimal pro Woche ein großer, lebendiger Wochenmarkt statt. Direkt am Platz ist das *Habibi*, ein arabisches Stehrestaurant mit zwei Sitzreihen aus rohen Holzbalken vor der Tür, die im Sommer immer belegt sind. Das meistverkaufte Essen ist das Shawarma, für das man oft anstehen muß. Ab zehn Uhr ist das *Habibi* voll. Auch hier bestätigt sich die chinesische Weisheit: Wenn viele drinsitzen, sollte man reingehen.

Nicht nur Chinesen sind hier schon morgens anzutreffen, auch einige der Berliner Spitzenköche sitzen vor dem *Habibi* und lassen sich ein Shawarma schmecken, deftige Kost für den langen Tag und die lange Nacht.

Mehrere Männer mit Dreitagebärten bedienen mit Greifgabeln flink die hungrigen Esser. In der hellerleuchteten Vitrine liegen frische Köstlichkeiten aus: gebackene Fladenauberginen, Tomaten, Peperoni, Auberginen, Oliven, Süßes.

„Mit allem?" oder „Mit Soße?" sind die häufigsten Fragen. „Mit allem" ist: ein warmes, helles Pitabrot, das eine flache Öffnung hat, in die das Hühnerfleisch geschoben wird. Das speziell marinierte

Fleisch wird wie bei einem Döner mit einem langen, breiten Messer in kleinen Stücken von einem Spieß abgeschnitten. Auf das Fleisch werden Zwiebeln, frische Gurkenscheiben, Tomatenstücke und eine Peperoni gestopft. Oben drauf kommt, je nach Wunsch, eine kleine Kelle Soße aus Joghurt, Sesam und einem Spritzer Zitrone.

Jürgen Dollase würde die hiesigen Speisen in der *Frankfurter Allgemeinen* so beschreiben: „Alle Elemente erhalten ihre klar umrissenen Räume und behalten im Akkord strukturell immer auch individuelle Potenz. Die Textur des zarten Hühnerfleischs und die wohlkomponierten gemüsigen und präzise dimensionierten Beigaben erzeugen eine ungewöhnliche Balance zwischen Fleisch und Frische."

Der Fladen wird in grobes graues Papier eingewickelt und einem für 2,50 Euro in die Hand gedrückt. Aus einem Lautsprecher tönen schlangenbeschwörende Melodien, man fühlt sich wie auf einem Basar im Orient. Die griffige und herzhafte, komplette Mahlzeit, die jedem Doppelwhopper vorzuziehen ist, kommt jedoch nicht von Euphrat und Tigris, sondern aus der Türkei, aus Anatolien.

Das Fleisch des Döners ist anders gewürzt, auch die Gemüse- beilage unterscheidet sich. Der schwarze Tee im Glas ist gratis und schmeckt. Frischer Orangensaft, noch mit der Handhebelpresse gepreßt, kostet 1,50 Euro. Ein Shawarma, ein Glas Tee und ein fri- schgepreßter Orangensaft für vier Euro: Da staunen selbst die mampfenden Sterneköche.

Die traditionelle Berliner Küche ist aus dem Stadtbild so gut wie verschwunden. Immer mehr Köche verquicken das Regionale mit den Küchen anderer Kulturen. So entsteht ständig ein neuer Mix. Zur Zeit liegt der Akzent auf der asiatischen Küche.

Ich freue mich über das internationale Angebot, fahre jedoch auch oft in den Berliner Speckgürtel, um mich über die dortige Lage der Kulinarik zu informieren.

C. Gourmet Empfehlung- Gelungenes Küchenstück

Berlin hat sich inzwischen zum Mekka der Gourmets entwickelt. Das zeigt allein schon die Anzahl funkelnder Sterne, die in den letzten Jahren in Berlin gesammelt wurden. Doch sollte bei all den unterschiedlichen Köstlichkeiten die echte Berliner Küche nicht vergessen werden. Wie man hört, treffen sich Sterneköche nach ihrem 16 Stunden Tag an einem Kreuzberger Tresen, um „Original Berliner Gerichte" zu verzehren. Zuletzt wurden einige von ihnen gesehen, jedoch zu ungewöhnlicher Zeit, vor Arbeitsbeginn gegen zehn Uhr morgens. Sie stehen in der Marheinecke Halle bei Petri's Berliner Spezialitäten und loben unisono nicht die leckeren „Senfeier mit Kartoffelpüree, 3,95" oder die saftigen Kohlrouladen für 4,80. Nein, sie haben sich an der „Hausgemachten Boulette für 1,50" festgebissen und schwärmen von diesem Produkt. Eine leidenschaftliche und kreative Hausfrau muß dieses bierdeckelgroße und etwa fünf Zentimeter hohe Prachtstück angefertigt haben, so die durchgängige Meinung der Experten, die von den Dauergästen bei Petri bestätigt wird. Und richtig, beim ersten Biß schon spürt man die „Aromenketten, die den Gaumen treffen. Von milden Akkorden bis zu kräftigen," stets scheinen alle Zwischenstadien vorhanden. „Eine Bulette, die den Eindruck beeindruckender Dichte erzeugt aber auch hin und wieder die Sinne überfordert," ist zu hören, aber auch, daß es sich hier bei diesem Prachtstüc um eine „bestens strukturierte, aromatisch hochinteressante und in ihrem Duktus ebenso bewußt wie selbstbewußte inszenierte Kreation" handele. Die Kugel, wie sie ursprünglich genannt wurde (französisch: boulette) auch Fleischkrusterl, Fleischkrapfen, Gewiegtebrotl, Gewiechtsgliessl oder Hacktätschli genannt, spreche „plötzlich viele Rezeptoren an und zeige eine unvergleichliche geschmackliche Intensität und habe eine bestechende Textur."

Anbei das Rezept für vier Personen, das nach beharrlichem Schweigen vom freundlichen Service dann doch preisgegeben wird. „Laß es dir schmecken", sagt die nette Servicekraft bei jeder Portion strahlend und schiebt den Teller mit viel Senf zum Kunden, auf Wunsch auch mit einem Extraspritzer Ketchup. „An diesem Ort ist ein außergewöhnliches Gleichgewicht zwischen klassischen Grundlagen und der natürlichen Neugier einer genuinen Boulettenbraterin zu finden," so die abschließende einhellige Meinung der Sterneköche.

Kleine Tasse Kaffee 0,70 Euro, große 1 Euro. Was will man mehr?

Marheineke Platz 15, 10961 Berlin. Hausgemachte Bulette, mit Teller und Besteck, 1,70 Euro. (Preise 2008) 500g Hackfleisch (gemischt), 1 Ei, 1 Zwiebel, aufgeweichtes Brötchen, 2 TL Senf , 1 TL Paprika edelsüß, Pfeffer, Salz Paniermehl

D. Es dönert.

Um den Currystand am Mehringdamm in Berlin bildet sich oft eine Traube. Diese Wurst soll neben „Konopke", einem traditionellen Currywurststand im Ostteil der Stadt, die beste in Berlin sein.

Heute, Karfreitag, früher Nachmittag, führt von der Currytraube eine schnurgerade Menschenschlange fünfzig Meter bis zu einer Dönerbude und man muß sich erst orientieren, um zu erkennen, daß die Schlange nicht zum Currystand gehört, sondern zu „Mustafas Gemüse Kebab".

Karfreitag 15 Uhr, die Glocken einer Kirche in der Nähe läuten und machen drauf aufmerksam, daß dieser Tag in der Katholischen Kirche ein strenger Fast- und Abstinenztag ist.

In dieser Stunde, um 15 Uhr, konzentriert sich die tiefste Trauer über den Tod Jesus Christus.

Ich stehe auf der anderen Seite des Mehringdammes. Eine Frau spricht mich an: „Was ist los, warum so ville Leute dort?" Mit dem Fotoapparat stelle ich mich auf den Mittelstreifen , um die Schlange mit ungefähr fünfzig Personen besser fotografieren zu können.

Neben mir sitzen drei junge Leute inmitten von Bauschutt auf einem Stapel Holzplanken. Sie essen, wie sie mir mit strahlendem Lächeln vergewissern, einen "köstlichen Gemüsedöner".

„Es gibt keinen besseren. Wir sind nicht aus diesem Viertel, kommen aber ausschließlich wegen des fantastischen Gemüsedöners hier her."

„Was ist daran so besonderes?"

„Er ist so frisch, mit Zitrone. Er schmeckt einfach sensationell."

„Wie lange haben Sie auf die Köstlichkeit gewartet?"

„Ungefähr eine Stunde, ja mindestens eine Stunde. Es hat sich gelohnt."

Zwei Stunden später passiere ich mit meinem Fahrrad die gleiche Stelle. Die Schlange zu Mustafas Gemüsedöner ist genauso lang wie vor zwei Stunden. Ich fotografiere erneut die Schlange auf dem Mittelstreifen und finde auf dem Rasen ein Zwei-Euro-Stück. Die Münze werfe ich am Eingang zur U-Bahn Mehringdamm in die Plastikschüssel einer bettelnden, etwas dicklichen, grauhaarigen Frau. Das Geldstück fällt zwischen ausschließlich 1 und 2 Cent Münzen, die den ganzen Boden der Schüssel bedecken. Mein Weg führt anschließend zum Prenzlauer Berg. Dort stolpere ich auf dem Bürgersteig Torstraße über ein dickes Stück rohen Schinken, etwa 250 Gramm. Ich schaue mir die am Schinken achtlos Vorbeigehenden eine Weile an, etwa fünf Meter vom Fleisch entfernt. Dann fotografiere ich das mitten im Weg liegende gute Stück Fleisch von oben.

Am nächsten Tag entdecke ich zufällig ein halbes Vierkant-weißbrot (etwa 500 Gramm), das auf der Erde neben einer Baumwurzel in der Kreuzberger Bergmannstraße liegt. Es kommt wie alle weggeworfenen essbaren Fundstücke als Fotodokument in meine Sammlung.

E. Schwein gehabt

Ich habe mich schon immer für gutes Essen interessiert, bin jedoch wie viele in ihrer Kindheit nie über Kriterien einer gesunden Ernährung oder über guten Geschmack aufgeklärt worden.

Mein Vater war Altphilologe (Griechisch/Latein) und ein ausgesprochener Fleischgenießer, der sich nach Lust und Laune, und die hatte er jeden dritten Tag, einen Schweineeintopf gönnte. Er kochte immer das gleiche und bevorzugte Schwein, nicht zuletzt, weil Schwein am preiswertesten war.

Die Zutaten waren: ein halber Schweinekopf, ganze Zwiebeln, etwas Salz, Wasser. Wenn er beim Schlachter keinen Schweinekopf bekam, nahm er Schweineohren, Schweinefüße und Schweineschwänze.

Die Zubereitung verlegte er in den späten Abend. Wir Kinder waren bereits im Bett, und er hatte seine Ruhe. Der Kopf köchelte zwei Stunden. Dann schnitt er sich ein Stück heraus und aß es mit Genuß und einer schönen Flasche Korn. Danach stellte er den Rest ans offene Küchenfenster. Dort kühlte der Fleischtopf ab, und in den folgenden Tagen verzehrte er eine Art Sülze.

Wir hatten kein Interesse, von der Sülze zu probieren. Im Gegenteil, wir ekelten uns vor dem Topf, den er uns mit einem süffisanten Lächeln unter die Nase hielt.

Einmal pro Woche gab es Fleisch für die ganze Familie – sonntags, meist ein Stück Rind oder Geflügel. Das beste Geschirr wurde aus dem Schrank geholt und auf den weiß eingedeckten Tisch gestellt. Nach dem Tischgebet zerteilte meine Mutter den Braten in zwei Hälften: eine Hälfte für meinen Vater, die andere Hälfte für fünf Kinder und meine Mutter. Es wurde nie über die offensichtliche ungerechte Verteilung gesprochen.

Mein Vater kniff die Augen zusammen, als der Braten aus der Küche kam und in die Mitte des Tisches gestellt wurde. Sie blieben starr auf das Fleisch gerichtet, bis eine Hälfte des Bratens auf seinem Teller lag. Dann öffnete er die Augen und begann, das Fleisch mit Messer und Gabel zu traktieren. Als Beilage akzeptierte er nur Kartoffeln, Gemüse rührte er nicht an. Den Nachtisch sowieso nicht.

Als er zu Ende gegessen hatte, stand er sofort auf, setzte sich ans Klavier und spielte entweder den Radetzkymarsch oder das Lied aus den 20er Jahren „Jaja der Wein schmeckt gut, ich kauf mir einen neuen Hut". Anschließend ging er in sein Arbeitszimmer, schob seinen massiven Körper vor den Schreibtisch, legte die drei Kopien (die Originale waren in den Nachkriegswirren verschwunden) seiner Wehrmachtsauszeichnungen in eine gerade Linie und steckte sich eine Zigarre der Marke Rössli an. Dann kam der Griff in eine der Schubladen seines Schreibtisches nach einer Flasche Korn. In kleinen Schlucken beschäftigte er sich ohne ein Schnapsglas mit dieser durchsichtigen Flüssigkeit und stieß dazu dicke Rauchwolken durch die Luft. Entweder las er dann den fünfzehnten Roman seines Lieblingsautors Heinz G. Konsalik, „Liebesgrüße aus der Taiga" oder er vertiefte sich in die Originaltexte des römischen Dichters Horaz.

Die Tür war längst zugezogen. Niemand störte ihn.

Inzwischen wissen wir, ähnliche Situationen spielten sich in vielen Familien der 50er und noch 60er ab.

8 NO FLEISCH, MEAT, JAMBON, OH, NO FISH, NO

A. *„Ich liebe Würste auch. Aber ich esse sie nicht"*

Als wir an einem Novembertag mittags im *Fischers Fritz* saßen, aß der Banker Josef Ackermann ein ordentliches Stück Braten, das auf einem Holzbrett serviert worden war und das der Kellner mit einem großen Gabelspieß und einem scharfen Messer tranchiert hatte.

Das spielte sich direkt vor unseren Augen ab. Ackermann zelebrierte den Genießer, der es sich leisten kann. Sein Tischgenosse war ein schmaler, kleiner, grauhaariger Herr, dem man ansah, daß er akribisch auf seine Linie achtete.

Als ich das enorme Stück Fleisch am Nebentisch erblickte, fragte ich mich, wie man an einem gewöhnlichen Dienstagmittag eine derart große Portion essen kann. Und mir kam in den Sinn, daß Fleischverzehr ganz oben auf der Liste der Umweltsünden steht. Die Fakten sind erdrückend. Ich habe gleichwohl große Schwierigkeiten, zum Vegetarier zu mutieren.

Fast fünfzig Prozent des weltweiten CO_2-Ausstoßes gehen auf das Konto der Tierhaltung. Jonathan Safran, bekanntgeworden durch seinen Bestseller *Alles ist erleuchtet*, behauptet in seinem Buch *Eating Animals*, der Verzicht auf Fleisch könne die Erde retten. In der *Frankfurter Allgemeinen* kommt er auf erfrischende Weise direkt zur Sache.

Ich halte Safrans Position für bemerkenswert. Gleich am Anfang bezeichnet sich Safran als Vegetarier, der lange dafür gebraucht habe, kein Fleisch mehr zu essen:

„Ich glaube, wenn wir die Diskussion von einer Frage der Identität loslösen könnten – entweder Vegetarier oder nicht – und sie zu einer Frage von Entscheidungen machten, wäre viel gewonnen. Okay, hier ist eine Speisekarte, darauf stehen viele verschiedene Sachen, die ich bestellen könnte, weil ich Lust drauf habe – aber ich kann auch etwas anderes bestellen, weil mir vielleicht gewisse Dinge wichtig sind. Ich habe das Buch geschrieben, um ein Umdenken anzuregen. Und ich bin da ganz realistisch. Ich muß nur mich selbst als Beispiel nehmen: Ich habe zwanzig Jahre gebraucht, bis ich aufgehört habe, Fleisch zu essen. Ich erwarte von niemandem, daß er von heute auf morgen radikal seine Ernährungsgewohnheiten umstellt."

Gefragt, warum man bisher so wenig über die durch die Viehzucht erzeugten klimaerwärmenden Gase erfahren hat, führt Safran aus:

„Das Problem ist, daß es den meisten Menschen nicht behagt, wenn ihre Ernährungsgewohnheiten kritisiert werden, und man will nicht riskieren, all diejenigen, die gewillt sind, für die Umwelt einiges in ihrem Leben zu ändern, damit zu verprellen, daß man ihnen auch noch ihr Fleisch ausreden will. Massentierhaltung ist eine 140-Milliarden-Dollar-Industrie; nahezu ein Drittel der Erdfläche wird für Viehzucht genutzt, der Regenwald wird abgeholzt, um Tierfutter anzubauen. Es geht hier einfach um sehr viel. Und vor allem, was den Fischfang angeht, kann man es nicht anders als Krieg nennen. Wir nutzen Kriegstechnologien, um Fische zu jagen. Kriegsschiffe, Radar, Satelliten – der ganze Meeresboden wird leergeräumt. Wenn das kein Krieg ist, weiß ich nicht, was Krieg sein soll."

In einer längeren Passage setzt sich Safran mit den zahlreichen Fehlinformationen auseinander, mit denen die Konsumenten tagtäglich gefüttert werden: etwa mit der Behauptung, man müsse Fleisch essen, um Eiweiß aufzunehmen; oder Kuhmilch sei wichtig für eine gesunde Ernährung. Überrascht hat auch mich die Tatsache, daß in den USA 99 Prozent aller Tiere, die zu Wurst und Fleisch verarbeitet werden, aus der Massentierhaltung kommen. 98 Prozent sollen es in Deutschland sein. Massentierhaltung sei eine amerikanische Erfindung, das Problem jedoch inzwischen ein globales.

Dann setzt Safran den amerikanischen Fleischkonsum zur Debatte über das Gesundheitssystem in Beziehung:

„Wir sprechen in Amerika gerade darüber, wie man Leute, die nicht versichert sind, finanziell absichern kann – dabei würden sich die größten Gesundheitsprobleme lösen, wenn wir von Massentierhaltung wegkämen. Es gibt direkte, gut dokumentierte Verbindungen zwischen Fleischkonsum und Diabetes, Herzkrankheiten, Krebs, Hirnschlag. Wir fragen immer: Ist es richtig oder falsch, Tiere zu essen? Dabei ist das in Wahrheit eine vollkommen unwichtige Frage. Die eigentliche Frage ist: Ist es richtig, es so zu tun, wie wir es tun?"

Angesprochen auf seine Kritiker, die ihm „Sentimentalität" vorwerfen und die an ihn die Frage richten, warum er sich um Schweine und Hühner kümmere, während so viele Kinder an Malaria sterben, gibt Safran eine politische Antwort:

„Ich glaube nicht, daß wir wählen müssen. Uns können mehrere Dinge wichtig sein. Das Ziel im Leben ist doch nicht, das Spektrum der Dinge, die uns wichtig sind, zu reduzieren, im Gegenteil. Sich um etwas Gedanken zu machen, ist wie ein Muskel: Je mehr man ihn benutzt, desto stärker wird er. Ich kann es nicht beweisen, aber ich vermute, daß Menschen, die sich Gedanken darüber machen, was sie essen, sich auch Gedanken über andere Sachen machen." (44)

Die Radikalität von Jonathan Safran imponiert mir.

B. Masse statt Klasse

Wolfram Siebeck schreibt zum Thema Fleisch:

„Allerdings sollten wir auf Fleisch verzichten: Schweine, die ihr kurzes Leben auf Betonrosten verbringen müssen und das Tageslicht nur auf dem Transport zum Schlachthof sehen. Hysterische Hühner, denen als Lebensraum ein Käfig von der Größe eines DIN-A-4-Bogens zugemutet wird, gehören ebenso zu den Unberührbaren wie Kälber, die Muttermilch nicht kennenlernen dürfen, damit sie sich an die Analogmilch der Pharmaindustrie gewöhnen. Auf diese Elendsgestalten zu verzichten sollte für qualitätsbewußte Esser selbstverständlich sein. Neben ethischen Bedenken gibt es auch ästhetische Einwände, etwa gegen Rindfleisch. Die riesigen, halbrohen Steaks aus der Steinzeitküche und das, was Fast-Food-Firmen zwischen wattige Brotscheiben schieben, sind fleischgewordene Flüche, die unsere Eßkultur in den Orkus schicken." (45)

McDonald's bezieht sein Fleisch aus der Massentierhaltung. In Studien der Firma Interbrand werden regelmäßig die wertvollsten Marken der Welt ermittelt. Man bewertet, welche Bedeutung das Ansehen der Marke für den Profit hat. Wichtigster Faktor dabei ist das Vertrauen der Kunden. Unangefochtener Spitzenreiter bleibt Coca-Cola mit einem Markenwert von mehr als 68 Milliarden Dollar. Im Vergleich dazu liegt VW nur bei 6,4 Milliarden Dollar und auf Platz 55. McDonald's belegt mit 32,2 Milliarden Dollar den sechsten Rang: „Großer Gewinner der Bankenkrise ist der Fast-Food-Konzern McDonald's: Wachsender Kundenzuspruch bringt dem Unternehmen nicht nur steigende Umsatzzahlen, sondern läßt auch den Markenwert auf mehr als 32 Milliarden Dollar klettern." (46)

Die Umsatzsteigerung von McDonald's ist selbstverständlich nicht begrüßenswert. Und: Wie viele regionale und traditionelle Küchenrezepte sind bis heute durch das weltweite Netz der McDonald's-Filialen verschwunden?

Die *Zeit* widmete Wolfram Siebeck zu seinem achtzigsten Geburtstag ihre komplette Beilage, das *Zeitmagazin*. Der Küchenpionier sollte keinen Stern als Auszeichnung erhalten, der bleibt den Spitzenköchen vorbehalten. Aber ein, zwei, drei Ehrungen wären angemessen. Siebecks Verdienst ist es nicht, auf die besondere Zubereitung einer Ente oder eines Desserts aufmerksam gemacht und den Köchen auf die Finger geschaut zu haben. Vielmehr liegt es in der Vermittlung eines kulturellen Reichtums, an dem mittlerweile viele partizipieren.

Den Mittelteil des Hochglanzmagazins, eine Doppelseite,

gestaltete der ehemalige Karikaturist und Grafiker Siebeck selbst. Er zeichnete seine persönliche Gastronomiedeutschlandkarte mit jenen Lokalen, in denen er sich gerne aufhält und ißt.

Abgesehen von zwei Flecken mit herausragender Gastronomie, Sylt und Berlin, widmete er seine Aufmerksamkeit flächendeckend den badischen und schwäbischen Gaststuben. Gänzlich vernachlässigt wurde von ihm das gesamte Territorium der ehemaligen DDR. Es ist komplett weiß. In den neuen Bundesländern existiert keine einzige Gastwirtschaft, die Siebecks Anerkennung findet...

Hat sich denn seit über zwanzig Jahren kulinarisch nichts verändert? sollte man Siebeck fragen, der sich seit einigen Jahren ins gemütliche badische Dreiländereck zurückgezogen hat. Dort muß er nur zehn Schritte gehen, und er betritt ein Restaurant, in dem es ihm schmeckt. Doch zwischen Dresden und Rostock, Magdeburg und Görlitz soll es kein einziges hervorragendes Restaurant geben, soll kein einziger herausragender Koch arbeiten?

Meine Kriterien für ein gutes Lokal sind sicher andere als die von Siebeck. Ich frage mich trotzdem, wie oft und wo er in den neuen Bundesländern Messer und Gabel in die Hände genommen hat. Die Auswirkungen der kulinarischen Rückständigkeit in der DDR sind weiterhin spürbar, insofern ist Siebeck zuzustimmen. Die wenigen guten Küchen sollten jedoch durch Zulauf unterstützt werden, beispielsweise das Restaurant *Eisenbahn* in Ringenwalde, zwanzig Kilometer östlich von der Kreisstadt Templin. Das am Rande der Schorfheide gelegene Dorf selbst ist sehenswert und von Berlin aus in einer Stunde zu erreichen. (47)

C. Zurück in der Stadt

Auch in der allgemein heißgeliebten Berliner Mitte wird schlechte Laune verbreitet. Warum? Sicherlich auch, weil die meist gutverdienenden Kunden und die Touristen gelegentlich geneppt werden. Auch ich bin gerade wieder einmal – zusammen mit meinem Kollegen Käthe Ce – auf einen sich locker gebenden Anbieter hereingefallen. Natürlich haben wir hinterher unsere Meinung kundgetan, hatten jedoch den Fehler begangen, nicht vorher auf die Karte zu schauen.

Es handelt sich um einen Gemischtwarenladen mit badischen Produkten (Käse, Wein, Wurstsalat, Brezeln und so weiter). Drinnen stehen Tische, man kann auch auf einigen Bänken und an Tischen draußen an der nicht sehr belebten Straße verweilen.

Gutgelaunt bestellen wir, nachdem wir uns zufällig getroffen hatten, am Tresen (Selbstbedienung ist auch möglich) zwei „kleine preiswerte Rotweine". Nach ein paar Scherzen mit dem Herrn hinterm Tresen (zirka Mitte dreißig, Brille, gepflegter Bart, weißes Hemd, schwarze Schürze, Typ TV-Moderator) bestellen wir noch zwei Brezeln und hundert Gramm Bergkäse, der in fünf kinderfingergroßen, viereckigen Streifen auf einem Holzbrett zu uns auf der Bank direkt an der Straße gebracht wird. Der Wein überzeugt uns nicht, in Kombination mit der Brezel und einem Happen Käse ist er jedoch trinkbar.

Die Überraschung folgt bei der Bezahlung. Der kleine Snack kostet vierzehn Euro. Nachdem wir die Qualität, die Temperatur und den überzogenen Preis des Weines bemängelt haben, zeigt uns der Tresenmann die Flasche. Auf dem Etikett steht: „Kleiner preiswerter Wein". Lustig.

Wir brechen die Auseinandersetzung ab und gehen dreihundert Meter weiter, zu einem italienischen Speiselokal am Fuße des Prenzlauer Bergs und mit dem gleichen Konzept: Bänke und Tische an der Straße, Bestellung am Tresen, diverse Weine, Käsesorten, Wurstwaren aus der Vitrine.

Wir bestellen zwei Merlot (0,1 l), auch einen Bergkäse, den wir in viereckige, kinderfingergroße Stangen schneiden lassen und den man uns strahlenförmig angeordnet auf einem Teller serviert. Dazu Ciabattabrot, fünf Scheiben in einem Brotkorb. Der Wein schmeckt zusammen mit Brot und Käse annehmbar.

Das Bezahlen erfreut uns und läßt den Kamm ein wenig

abschwellen: 5,38 Euro für nahezu die gleichen Produkte, sogar in der italienischen Variante. Daraufhin bestellen wir erneut.

Käthe Ce gönnt sich noch einmal ein Glas Merlot. Ich bestelle hundert Gramm eingelegte kleine Heringsfilets, anschließend einen doppelten Espresso, der exzellent ist und für mich bislang der Grund war, bei dieser Pastabar hin und wieder einen Stopp einzulegen. Nein, richtig gesagt: Einen derart guten Espresso findet man in dieser Gegend selten.

Wir zahlen – 6,50 Euro. Zusammen macht das 11,88 Euro. Ich kaufe noch eine Flasche Weißwein für vier Euro. Den Wein öffne ich zu Hause, und er schmeckt. Insgesamt sind wir also bei 15,88 Euro gelandet.

Wir verzichten in Zukunft mit Genuß auf den Abzocker in Berlin-Mitte. (48)

D. Schlechte Ware – Eine Aktion

Das KDW, das Kaufhaus des Westens in Berlin, hat einen sehr guten Ruf. Besonders die sechste Etage ist bei Feinschmeckern beliebt. Das Angebot dort ist überwältigend: tausend verschiedene Fischarten (lebend), fünfhundert Marmeladensorten, Brot aus allen Regionen Deutschlands.

Beim Verlassen des Kaufhauses fällt mir ein großer Stand mit diversen Marzipansorten ins Auge. Ich kaufe eine kleine Packung und ärgere mich schon jetzt. Marzipan esse ich gern, es ist eine verführerische Süßigkeit, und die Konsequenzen sind auch mir bekannt.

Zu Hause öffne ich die Schachtel: fünf kleine Köstlichkeiten, die in festes Silberpapier eingeschlagen sind. Zwei Drittel aufwendige Verpackung, ein Drittel Marzipan. Ärgerlich. Warum nicht umgekehrt?

Zufällig entdecke ich am ersten zwei Zentimeter langen Marzipanbrot eine blasse Stelle, die darauf hindeutet, daß die Ware nicht mehr ganz frisch ist. In Anbetracht der Tatsache, der Droge nicht

widerstanden zu haben, und verärgert über so viel Verpackungsmaterial, beiße ich nur ein kleines Stück ab und lasse es auf der Zunge
zergehen.

Ich schreibe einen Brief an die Geschäftsführung des Lübecker
Marzipanherstellers. Ich bemängele die Frische der Ware und lobe
den Verkaufsort, das KDW. Dann behaupte ich, einen Testkauf
getätigt zu haben, weil ich die 2.000 Mitarbeiter meiner Firma zu
Weihnachten mit Marzipan erfreuen wolle. Den Briefkopf einer
fiktiven Firma habe ich im Handumdrehen entworfen, die angebro-
chene Ware lege ich bei.

Eine Woche später bringt mir UPS ein riesiges Paket. Der Bote
benötigt dafür eine Schubkarre. Neben dem Absender steht: „Fein-
stes Lübecker Marzipan, dreihundert Jahre Tradition". Ich öffne
das Paket und finde einen Querschnitt der Produktpalette vor, darunter auch die neuesten „Geschmackskreationen", wie es im
Begleitbrief heißt. Ich wickele eins der neuen Produkte aus, beiße
ein Stück vom schokoladenummantelten Marzipan ab und lasse es
auf der Zunge zergehen.

9 NICHT DIE BOHNE!

A. Ein guter Espresso? Ganz schwierig!
Wenn man an der ostfriesischen Küste aufgewachsen ist, versteht man vielleicht etwas von schwarzem Tee (Bünting-Tee!), aber nichts von Fleisch, Geflügel oder Torten. Es ist allerdings eine Freude, guten Tee auf die richtige Art und Weise serviert zu bekommen.

Leider kommt man in diesen Genuß noch seltener als in den Genuß eines echten, richtig zubereiteten Espressos. Warum kann man zum Beispiel in Portugal in jeder Kneipe einen guten kleinen Kaffee (die Portugiesen sagen zum Espresso „Bica", Kurzer) bekommen – und für nur fünfzig Cent –, aber so gut wie keinen trinkbaren Espresso in deutschen Lokalen, auch nicht in den hochpreisigen? Vielleicht hat man Glück beim Italiener.

Der Chef eines italienischen Lokals registriert den Wunsch des deutschen Gastes nach einer Tasse Kaffee, auch wenn er einen Espresso meint und bestellt. Serviert wird eine typische kleine Espressotasse, randvoll mit einer Flüssigkeit, die für Espresso ausgegeben wird, jedoch eher ein Kaffee ist. Die Menge soll es machen, auch in einer Espressotasse. Der Deutsche liebt eben Masse. Dabei ist es hier gerade umgekehrt. Ein guter Espresso benötigt sehr wenig Wasser.

Der Italienkenner und Fotograf Walter Vogel fuhr jahrelang durch Italien, fotografierte Cafés und Leute und sprach mit Kellnern und Gastwirten, Baristi (Barmännern) und Privatleuten. Vogel weiß, wie man einen Espresso zubereitet. Die Wahl der Kaffeebohnen ist wichtig. Nach einigen Experimenten bestellt er eine bestimmte Sorte bei einem Großhändler. Die Bohnen werden für jede Tasse in einer kleinen elektrischen Maschine frisch gemahlen, eine Stoppuhr mißt die Zeit.

Der Espresso muß „stretto" sein, was soviel wie „kurz" meint, darf also nur wenig Wasser enthalten. „Stretto" ist auch ein Begriff aus der Musik und bedeutet soviel wie „beschleunigend, steigernd", was auf die belebende Wirkung des Getränks hinweist. Italiener trinken ihren Espresso nur am Morgen, oft praktisch im Vorbeigehen an der Cafétheke, selten nach dem Essen, wie es in Deutschland üblich ist.

Auf einem guten Espresso muß eine „Crema" zu sehen sein, ein fester, bräunlicher Schaum, der sich an der Innenseite der Tasse etwa drei bis zehn Millimeter hochzieht. Bleibt der hinzugefügte Zucker auf dem Schaum kurz liegen und trudelt dann in die Tiefe, ist der Espresso perfekt.

Wenn der Individualist Walter Vogel verreist, packt er seine Espresso-Utensilien in eine Kiste, damit er nie auf seinen Espresso verzichten muß. „Du glaubst gar nicht, wie lange es gedauert hat, bis ich so einen Doppio trinken konnte, der ist wie Medizin, jedenfalls verändert er morgens schlagartig meine Stimmung ins Positive", sagt Vogel bei einem Besuch in seinem Atelier zu mir. Vogel zieht einen Doppio einem einfachen Espresso vor. Ein Doppio ist schlicht und einfach ein doppelter Espresso.

Vergleicht man einen liebevoll zubereiteten Espresso mit dem Ausstoß weltweit agierender Kaffeeausschankunternehmen, bewegt man sich in zwei Welten.

B. Kettenkaffee

Ich meide Ketten wie Starbucks. Starbucks entwickelt keine Kaffeekultur, sondern macht eine Menge Geld mit Kaffeekult.

Ein Rechtsstreit zwischen äthiopischen Kaffeebauern und Starbucks beschädigte 2007 den Ruf von Starbucks als fairer Handelspartner. Zwar zahlt Starbucks den Bauern einen akzeptablen Preis, doch die Bauern wollten den Namen der Anbauregion, Sidamo, als Warenzeichen schützen lassen, um mehr Kontrolle über den Vertrieb ausüben und einen höheren Preis erzielen zu können. Starbucks aber wollte kein Lizenzabkommen unterschreiben und ließ über den Kaffeeverband National Coffee Association of U.S.A (NCA) den Antrag auf Namensschutz zurückweisen.

Dub Hay, Vizepräsident von Starbucks und zuständig für den weltweiten Einkauf, ist gleichzeitig als Lobbyist für die NCA tätig. Die NCA hatte zunächst erreicht, daß das Patentamt den äthiopischen Antrag ablehnte. Doch angesichts des drohenden Ansehensverlustes anerkannte Starbucks im Juni 2007 die drei äthiopischen Kaffeesorten Sidamo, Harar und Yirgacheffe als Handelsmarken und unterzeichnete einen Lizenz-, Vertriebs- und Marketingvertrag.

Der Dokumentarfilm *Schwarzes Gold* von Marc und Nick Francis aus dem Jahr 2006 (bei Zweitausendeins als DVD erhältlich) erhellt die Hintergründe des Handels mit äthiopischem Kaffee. Nick und Marc Francis schreiben in einem Begleittext: „Wir halten die Art und Weise, wie westliche Medien ihr Publikum mit beziehungslosen Bildern über Hunger in Afrika bombardieren und dabei auf eine Verbindung zur eigenen Lebenswelt verzichten, für grundsätzlich falsch. Wir wollen dem Publikum vor Augen halten, daß wir mit jeder Tasse Kaffee unentwirrbar eingebunden sind in das System der globalen Ökonomie."

Der Film dokumentiert die Bemühungen von Tadesse Meskela, einem Sprecher der Oromia-Kaffeekooperative, die mehr als 70.000 Kaffeebauern in Äthiopien vertritt. Sie bauen eine der weltweit besten Kaffeesorten an. Auf den Kaffeeauktionen in Addis Abeba, London und New York schwanken die Preise stark. Ein Land wie Äthiopien – Afrikas größter Kaffeeproduzent, in dem fünfzehn Millionen Menschen vom Kaffeeanbau leben und Kaffee zwei Drittel des Exportvolumens ausmacht – hat ständig Ertragseinbußen zu beklagen.

An den internationalen Kaffeebörsen in New York und London dominieren die vier Großhändler Kraft, Nestlé, Procter & Gamble und Sara Lee. Hier wird jeden Tag der weltweit maßgebliche Kaffeepreis festgelegt. Die afrikanischen Anbauer haben darauf keinen Einfluß. Von den 230 Dollar, die mit einem Kilo Kaffeebohnen (rund achtzig Tassen) im Westen durchschnittlich erwirtschaftet werden können, erhalten sie gerade einmal zwischen 23 und 50 Cent. Damit können sie kaum ihre Familien ernähren und ihre Kinder zur Schule schicken. Diese schwierige und immer schlechter werdende Situation der Bauern und ihrer Familien wird im Film eindringlich geschildert.

Tadesse Meskela versucht die Handelskette zu verkürzen, indem er sich bemüht, in Kontakt zu treten mit Röstern wie Dallmayr und Starbucks. Er könnte den mickrigen Verdienst der Bauern anheben, würden nur die Kaffeeauktionen umgangen. Es geht um Fair Trade.

Seit langem fordern Vertreter der Entwicklungsländer bei Verhandlungen mit der World Trade Organization (WTO), daß die Industrieländer lieber auf ihre Binnensubventionierung verzichten sollten, anstatt Entwicklungshilfe zu leisten. Denn durch die Subventionierung von Lebens- und Genußmitteln im Westen werden deren Preise künstlich niedriggehalten, so daß sie konkurrenzlos günstig angeboten werden können.

Die internationale Gewerkschaft IWW rief im August 2006 zum Boykott von Starbucks auf, nachdem vier ihrer Mitglieder, die der IWW Starbucks Worker Union angehörten, gekündigt worden war. Bis zum Ende des Jahres kam eine weitere Kündigung hinzu. Im April 2007 erhob die Nationale Behörde für Arbeitsbeziehungen der USA auf Betreiben der IWW Anklage gegen Starbucks in dreißig Fällen. Es ging um angeblich gewerkschaftsfeindliche Praktiken, unfaire Maßnahmen gegen Angestellte und Kündigungen unter Vorwänden.

Der Prozeß begann im August 2007 in New York. Im März 2008 wurde der Konzern dazu verurteilt, zirka hundert Millionen Dollar an einbehaltenen Trinkgeldern an seine Beschäftigten auszuzahlen. Der vor Gericht bisher nie widerlegte Autor Günter Wallraff schrieb 2009 nach „Recherchen hinter der In-Fassade der Kaffeehauskette Starbucks", dort herrschten „menschenunwürdige Verhältnisse". (50) Die miesen Tricks, mit denen multinationale Konzerne wie Starbucks, aber auch Apple, Google oder Ikea es vermeiden, Gewinne, die sie in den Hochsteuerländern Europas erwirtschaften, auch dort zu versteuern, sind inzwischen bekannt.

Starbucks verschiebt seine deutschen Gewinne so lange ins Ausland, bis auf dem Papier nichts mehr übrig bleibt. 2011 stand bei einem Umsatz von 117 Millionen Euro unter dem Strich sogar ein Verlust von 5,3 Millionen. Ketten wie Starbucks zahlen weltweit auf diese Weise nirgendwo Steuern.

C. Fair Trade, Nestlé und Co.
Kaffee wächst in tropisch-feuchtheißen Ländern wie Brasilien, Äthiopien, Vietnam und Mexiko. Vergegenwärtigt man sich die Vermarktungskette des Kaffees oder auch des Tees, kommt man erst ins Grübeln, dann informiert man sich über Fair Trade.

Als fairer Handel wird ein kontrollierter Handel bezeichnet, bei dem die Erzeugerpreise üblicherweise über dem jeweiligen Weltmarktpreis angesetzt werden. Damit soll den Produzenten ein höheres und verläßlicheres Einkommen als im herkömmlichen Handel garantiert werden. Außerdem sollen in der Produktion internationale Umwelt- und Sozialstandards eingehalten werden.

Die Fair-Trade-Bewegung konzentriert sich hauptsächlich auf Waren, die aus Entwicklungsländern in Industrieländer exportiert werden. Fairer Handel umfaßt landwirtschaftliche Erzeugnisse ebenso wie Produkte des traditionellen Handwerks und der Industrie und weitet sich zusehends auf neue Bereiche wie den Tourismus aus. Angeboten werden fair gehandelte Produkte in Naturkost- und Weltläden sowie in Supermärkten und in der Gastronomie.

Fairer Handel ist eine Handelspartnerschaft, die auf Dialog, Transparenz und Respekt beruht und nach mehr Gerechtigkeit strebt. Durch bessere Handelsbedingungen und die Sicherung sozialer Rechte für benachteiligte Produzenten und Arbeiter – insbesondere in den Ländern des Südens – leistet der faire Handel einen Beitrag zu nachhaltiger Entwicklung. (Wikipedia)

Auf die Kritik von Oxfam und anderen Organisationen an Nestlé, angesichts des dramatischen Verfalls der Kaffeeweltmarktpreise zu wenig für die Existenzsicherung von Kaffeebauern in Entwicklungsländern zu unternehmen, reagierte das Unternehmen 2005 mit der Einführung von fairhandelszertifiziertem Kaffee in Großbritannien.

Es gibt zuverlässige Untersuchungen, die den durch Kaffee erzielten Gewinn und dessen Verteilung genau beziffern. Sie belegen, daß der Bauer, der die Pflanzen setzt und pflegt, der erntet und dann sein Produkt verkauft, 840mal weniger Geld für ein Kilo seiner Kaffeebohnen erhält als Starbucks, das mit einem Kilo Kaffee achthundert Dollar verdient. (51)

Einige der größten Unternehmen haben inzwischen erkannt, daß sich das öffentliche Bewußtsein gewandelt hat und viele Kunden hin und wieder das von ihnen erworbene Produkt einer genauen Überprüfung unterziehen. Daher informieren die Unternehmen mit aufwendigen Werbekampagnen über Qualität und Herkunft ihrer Produkte. Schaut man sich die näher an, haben sich ihre Herangehensweisen nur geringfügig geändert. So weist eine Firma darauf hin, daß sie Kinderarbeit auf den Plantagen verbietet, zahlt jedoch weder höhere Löhne noch höhere Produktpreise.

Der Nestlé-Konzern ist für den Zusammenbruch der Kaffeeweltmarktpreise und das damit verbundene Massenelend in den Herstellungsländern mitverantwortlich. Die transkontinentalen Kaffeegesellschaften verlängerten 1989 den stabilisierenden Pakt (ICA/IAC) nicht, was die Senkung des Preises für Rohkaffee nach Bedarf der fünf transkontinentalen Gesellschaften Kraft, Folgers, Sara Lee, Tchibo und natürlich Nestlé zur Folge hatte.

Laut Jan Braunholz, Journalist und Experte für Kaffeehandel, hält Nestlé im Bereich des löslichen Kaffees in Mexiko einen Marktanteil von achtzig Prozent. Für den Nescafé importiere Nestlé seit Jahren billigen Rohkaffee der Sorte Robusta, um die Preise in Mexiko niedrigzuhalten. Braunholz: „In Mexiko wird zwar auch Robustakaffee erzeugt, doch Nestlé zahlt dafür sehr geringe Preise, etwa sechs bis sieben Pesos (zirka 0,50 Euro) pro Kilo. Seit Jahren protestieren die Kleinbauern gegen die Niedrigpreise."

Damit die Bauern ihre einheimischen Arabica-Pflanzen vernichten und Robusta-Pflanzen setzen, die aber erst nach vier bis fünf Jahren abgeerntet werden können, versucht Nestlé-Chef Peter Brabeck-Letmathe die Bauern mit verlockenden Versprechen wie hohen Absatzzahlen und dem Bau von Schulen zu ködern. Auch scheute er nicht vor der Bestechung der Kinder zurück. So wurden von vier großen LKW aus Süßigkeiten an die Kleinen verteilt. (52)

In der westafrikanischen Elfenbeinküste, dem bedeutendsten Kakaoexportland, werden Angaben von Menschenrechtsorganisationen zufolge etwa 12.000 Kinder als Sklaven auf Kakaoplantagen eingesetzt. Nestlé und anderen kakaoverarbeitenden Unternehmen wurde vorgeworfen, zu wenig zur Verbesserung dieser Zustände zu unternehmen. Sie reagierten auf die Kritik, indem sie die International Cocoa Initiative gründeten, die gegen Kinder- und Zwangsarbeit im Kakaoanbau vorgehen soll.

Im Sommer 2008 kam heraus, daß Nestlé die Nichtregierungsorganisation Attac im Schweizer Kanton Waadt durch mindestens zwei Securitas-Mitarbeiter, ausgestattet mit Tarnidentitäten, überwachen ließ. Von 2003 bis 2004 bespitzelten sie die Autoren des Nestlé-kritischen Buches *Nestlé – Anatomie eines Weltkonzerns* und übergaben Nestlé vertrauliche Informationen wie zum Beispiel detaillierte Mitgliederprofile von Attac.

Die Affäre löste in der Schweiz ein breites Medienecho aus und führte zur Nominierung der Autoren für den Public Eye Award 2009. Nestlé gab an, rechtmäßig und in Zusammenarbeit mit der Polizei gehandelt zu haben. Attac klagte gegen Nestlé und Securitas und verlor in erster Instanz vor dem Zivilgericht des Bezirks Lausanne. Der Fall wurde, nach einem Einspruch von Attac, am 28. Juli 2009 vom Untersuchungsrichteramt des Kantons Waadt zu den Akten gelegt.

E. Nestlé – immer preiswürdig
Nestlé stand 2005 auf der Nominierungsliste der Negativ-Awards,

einer Antiauszeichnung, schaffte es jedoch nur auf Platz vier. Dabei hätte Nestlé auch den ersten Platz verdient gehabt.

2007 war es dann soweit. Nestlé erhielt einen anderen Schmähpreis, den Black Planet Award, den die ethecon – Stiftung für Ethik & Ökonomie am 19. Dezember in Berlin verlieh. Ethecon prangerte das Management und die Aktionäre des weltweit führenden Nahrungsmittelkonzerns an, weil sie der Analyse der Stiftung zufolge „unseren Blauen Planeten" in herausragender Weise gefährden und ruinieren. Die Aktion wurde unter anderem von Attac Schweiz, Attac München, IBFAN und NescaFAIR unterstützt.

Immer wieder gerät Nestlé in Konflikt mit Gewerkschaften und Organisationen, die sich gegen Umweltzerstörung, ungesunde Produkte oder miserable Arbeitsbedingungen wehren. Multiwatch, ein von diversen Schweizer Hilfswerken, NGOs, politischen Parteien, Gewerkschaften, kirchlichen Gruppen und globalisierungskritischen Bewegungen getragener Verein, hat die Erfahrung gemacht, daß Nestlé die gleiche Abwehrstrategie anwendet wie alle großen Konzerne: Auf Kritik wird zunächst mit Ignoranz und Arroganz reagiert, die Vorwürfe werden pauschal abgestritten. Häufen sich die Beweise, werden die Vorkommnisse verharmlost oder als Mißverständnisse abgetan. Nützt das alles nichts mehr, setzt Nestlé die Abwehrmaschinerie in Gang: Personen und Organisationen, die sich auf Expertenwissen stützen, werden diffamiert und als Ideologen dargestellt, denen es nur um ihren persönlichen Kampf gegen Nestlé gehe.

Anstatt sich der Kritik zu stellen, betreibt der Konzern Lobbying und Mobbing. So wurde zum Beispiel die schweizerische Gewerkschaft UNIA, die die Multiwatch-Veranstaltung „Der Fall Nestlé" unterstützte, massiv unter Druck gesetzt. Nestlé setzte sogar laufende Gesamtarbeitsvertragsverhandlungen aus und verhandelte statt mit der Gewerkschaft direkt mit den Beschäftigten.

Nestlé Waters ist die Nummer eins auf dem Weltmarkt für Flaschenwasser (Perrier, Contrex, Vittel, Acqua Panna, San Pellegrino,

Pure Life, Aquarel et cetera). Auf allen fünf Kontinenten übernimmt Nestlé Marken und erwirbt Konzessionen zur Nutzung von Quellen. Danach baut Nestlé Abfüllanlagen.

Nestlés Marketingkampagnen versuchen die Konsumenten davon zu überzeugen, daß Flaschenwasser gesünder und reiner sei als Hahnwasser, was, zumindest in der Mehrzahl der westlichen Länder, völlig falsch ist. Flaschenwasser ist dreihundert- bis fünfhundertmal teurer als Hahnwasser. Die Negativfolgen der Expansion des Wasserflaschenmarktes: Die Ausbeutung der Quellen kann ihre natürliche Regeneration beeinträchtigen und zu Schäden am ökologischen Gleichgewicht führen.

Die Flaschenwasserindustrie verbraucht etwa 1,5 Millionen Tonnen Plastik pro Jahr. Zur Herstellung von Plastik benötigt man nicht-erneuerbare Rohstoffe, und beträchtliche Mengen an chemischen Giften gelangen ins Wasser und in die Luft. Die nicht wiederverwerteten Plastikflaschen werden entweder in die Natur geworfen, oder sie gelangen über Müllhalden ins Erdreich, wo sich Giftstoffe lösen und das Grundwasser verschmutzen. Außerdem werden erhebliche Mengen an Treibstoff beim Transport und Vertrieb der Flaschen verbraucht. (53)

Nestlé ist in den siebziger und achtziger Jahren in Verdacht geraten, in Entwicklungsländern aggressive Verkaufsmethoden anzuwenden, etwa Verkäuferinnen als Krankenschwestern zu verkleiden und Gratisprobenmuster zu verteilen, deren Verwendung bei damit einhergehender Einstellung des Stillens zum Versiegen der Muttermilch führte. So wurden Mütter von teuren Produkten abhängig gemacht, die aber gerade in Entwicklungsländern für Teile der Bevölkerung unerschwinglich sind. Zudem wurden durch die Zubereitung mit verschmutztem Wasser gesundheitliche Schäden und der Tod von Säuglingen in Kauf genommen.

Jean Ziegler bezeichnet den Nestlé-Konzern als „die Krake von Vevey". (54) In Vevey befindet sich der Firmenhauptsitz. (55) Ziegler läßt auch kein gutes Haar am Firmenchef. Gegen den österreichischen Harley-Davidson-Fan Peter Brabeck-Letmathe schießt er scharf: „Brabeck-Letmathe bekämpft gnadenlos jede Gewerkschaft, die sich ihm entgegenstellt, erobert Märkte mit der Brutalität eines Dschingis Khan und unterhält in Vevey einen Hofstaat von unterwürfigen Schranzen. Er ist trickreich und brillant, manipuliert die internationalen Organisationen und weicht nur dem Diktat anderer Diktatoren."

Wasser darf nie monopolisiert werden, von niemandem. Auch nicht von Nestlé. Wasser ist eine unserer Lebensquellen. Nach einer jüngeren Erhebung verbraucht jeder Deutsche jährlich im Schnitt etwa 4.200 Liter Wasser. Mehr als die Hälfte des deutschen Wasserbedarfs wird durch Importe gedeckt.

Der Wasserfußabdruck ergibt sich aus dem direkten Wasserverbrauch (130 Liter) und dem virtuellen Wasserverbrauch (laut WWF 4.000 Liter) – jener Menge an Frischwasser, die bei der Herstellung von Produkten und Lebensmitteln verbraucht und verschmutzt wird. (56)

„Wir streben nicht an, daß Firmen oder ganze Nationen nur ihren Verbrauch an sich verringern. Wichtig ist vielmehr, darauf zu achten, daß die Einsparungen dort erfolgen, wo ein hoher Wasserverbrauch die größten negativen Folgen für Mensch und Natur hat", erklärt Martin Geiger, Leiter des Bereichs Süßwasser beim WWF Deutschland. „Flüsse und ihre Auen sowie Seen und Moore gehören zu den artenreichsten Ökosystemen. Zugleich speichern, filtern und reinigen sie Trinkwasser." (57)

Für die Produktion einer Tüte Chips liegt der Wasserbedarf bei 185 Litern, für ein DIN-A-4-Blatt bei zehn Litern, für einen Hamburger bei 2.400 Litern, für ein Kilogramm Zucker bei 1.500 Litern, für eine Tasse Kaffee bei 140 Litern, für eine Jeans bei 11.000 Litern, für ein Auto bei 400.000 Litern.

Auf der Website www.platinnetz.de ist man angesichts solcher Zahlen entsetzt: „Ein Gefühl von Machtlosigkeit macht sich breit, schließlich kann man die Produktion nicht beeinflussen. Und wer mag schon deshalb auf ein Auto, eine Tasse Kakao oder eine neue Jeans verzichten? Trotzdem kann man etwas tun. Zwar liegt es nicht am Verbraucher, wie die Produkte hergestellt werden, als Kunde kann man aber sehr wohl frei entscheiden, was und wo man kauft."

Grundsätzlich solle man auf Importware verzichten und heimische Produkte kaufen: „Wieso argentinisches Rindfleisch essen, wenn es auch aus der regionalen Metzgerei gutes Fleisch gibt? Allein ein weiter Transportweg verschlingt durch die nötigen Kühlprozesse nicht nur unnötig viel Wasser, sondern verbraucht auch andere Ressourcen, was die Umwelt nachhaltig schädigt. Auch sind die Anbaumethoden in anderen Ländern fragwürdig. Wer sich beispielsweise für Tomaten aus Spanien entscheidet, kauft Gemüse, das nur mit Hilfe künstlicher Bewässerungssysteme in den ansonsten trockenen Regionen wächst. Deshalb müssen die Pflanzen unverhältnismäßig stark bewässert werden. Auch Erdbeeren, die in südlichen Ländern schon im Februar mit einem immens hohen Bewässerungsaufwand angebaut werden, locken zwar außerhalb der Saison, aber man sollte lieber warten, bis die süßen Früchte auch in Deutschland wachsen."

In Kolumbien hat Nestlé die gesamte Milchproduktion in der Hand. Ausländische Beobachter stießen in den Produktionsstätten auf eklatante Verletzungen der Menschenrechte. Nestlé wurde neben Coca-Cola und Chiquita wegen unterschiedlicher Verbrechen angeklagt, unter anderem wegen der Ermordung von zwei Gewerkschaftern. (58)

10   MUSS ES DENN IMMER DAS AUTO SEIN?

A. Auto, Auto, Auto und noch ein Auto
Ich fahre möglichst immer mit dem Zug, ich besitze kein Auto.

Mit achtzehn habe ich die Führerscheinprüfung bestanden, noch als Schüler, bezahlt mit selbstverdientem Geld. Eine Leiharbeiterfirma – wir sprachen von „den Sklavenhändlern" – hatte mich ins VW-Werk nach Wolfsburg geschickt.

Es waren sechs Wochen Knochenarbeit, zehn Stunden am Tag, oft auch nachts, hin und wieder ohne freies Wochenende, vom ersten Tag der Sommerferien bis zum letzten. Dafür hatte ich den Verdienst von drei Monaten auf der Hand.

Ein Drittel des Geldes reservierte ich für die Führerscheinprüfung, mit den anderen zwei Dritteln fuhr ich – mit der Bahn – nach Düsseldorf, um eine Zeichnung von George Grosz zu kaufen. Ich hätte mit meinem Lohn nicht nur den Führerschein, sondern auch einen gebrauchten Kleinwagen finanzieren können, wie es meine Freunde und meine Familie von mir erwarteten. Doch die Alternative Kleinwagen oder George-Grosz-Zeichnung kam mir überhaupt nicht in den Sinn. Für mich war von Anfang an klar, mit dem Geld eine Zeichnung zu erwerben, und es sollte eine Arbeit von George Grosz sein, von einem der bis heute von mir am meisten geschätzten Künstler des 20. Jahrhunderts.

Den Verzicht auf ein eigenes Auto im jugendlichen Alter kann man nicht als genußvoll bezeichnen. Er fiel mir trotzdem leicht. Mein Interesse für Technik war und ist auch heute nicht besonders ausgeprägt.

Der Kauf eines Originals von Grosz gestaltete sich schwierig, obwohl eine Arbeit von Grosz Mitte der sechziger Jahre noch preiswert war. Ich fand in Düsseldorf, einer Stadt des Geldes und mit entsprechenden Galerien, auch nach intensiver Suche keine Zeichnung, die mir zusagte. Dafür fiel mein Blick auf eine signierte Lithographie von Max Slevogt, die ich schließlich kaufte. Den Kauf eines Blattes von Grosz schob ich auf die lange Bank, irgendwann gab ich es auf. Den Slevogt schenkte ich später einem Schriftsteller zum Geburtstag. Zwei Jahre danach bot er mir an, seine Gedichte zu illustrieren.

In den siebziger Jahren besaß fast jeder ein Auto, Studenten eingeschlossen. Das wurde nie in Frage gestellt. Im Gegenteil, der Trend zum Zweit- und Drittwagen kam auf.

Nacheinander fuhr ich einen VW Käfer, der meiner damaligen Freundin gehörte, und dann eigene Autos: einen VW Kombi, einen Lada Kombi, ein Mercedes-Coupé mit Heckspoiler, günstig gebraucht gekauft, vier Jahre alt und sehr gut in Schuß.

Den schnittigen roten Wagen verkaufte ich nach einem Jahr, weil er zuviel schluckte. Wenig später besorgte ich mir einen fünfzehn Jahre alten Mercedes, einen Diesel, Strich-Acht, der schon 150.000 Kilometer auf dem Buckel hatte und auch nur noch zwei Jahre hielt. Eines Tages schaute ich plötzlich unter mir ins Freie.

Nach einem halben Jahr ohne Auto entschied ich mich für einen schlichten Golf, einen Jahreswagen, blau, ohne alle Extras. Es war mein letzter Wagen, den ich immerhin zehn Jahre fuhr. Wenn ich hin und wieder einen verstaubten dunkelblauen Golf dieses Typs auf der Straße sehe, bin ich eigenartig berührt.

Über die Jahre waren unzählige, zum Teil irrsinnig hohe Reparaturrechnungen auf meinen Tisch geflattert. Ich habe sie immer brav bezahlt, obwohl ich sie nie durchschaut habe. Ich bin kein Autofreak, eine Einspritzdüse ist ein Gerät, das ich eher in einer Konditorei vermute. Wahrscheinlich haben sogar die Lehrlinge in den Werkstätten, in die ich meinen Wagen brachte, sofort gemerkt, daß ein ahnungsloses Opfer vor ihnen stand, das man melken konnte.

In Erinnerung ist mir geblieben, daß der *stern* den undurchsichtigen Praktiken in vielen Reparaturwerkstätten eine Titelstory widmete, mit dem Titelbild eines Automechanikers im Blaumann, der sich über einen Motor beugt und den Leser dabei frech angrinst. In seinem Gesicht glänzt eine vergoldete Nase – eine gelungene Montage, die ich selbst nicht besser hätte machen können.

An meinen Reparaturkosten hat die *stern*-Geschichte nichts geändert, und gegen die KFZ-Steuer konnte ich schwerlich argumentieren. In Sachen Benzinkosten fruchteten die Ratschläge des ADAC (im unteren Drehzahlbereich fahren, Höchstgeschwindigkeit achtzig bis hundert Kilometer und so fort) nie lange. Man möchte eben schnell fahren, die anderen an der Ampel abhängen. Wozu hat man denn ein Auto?

Wenn ich sämtliche durch das Auto entstandenen Kosten zusammenrechne und den Betrag angelegt hätte, könnte ich jetzt Besitzer eines kleinen Einfamilienhauses oder eines ausgebauten Dachgeschosses sein.

B. Stau, parken, parken und Stau

Direkt vor meiner Wohnung endet die kurze Sackgasse in einer Ausbuchtung, die zum Parken einlädt, aber als Feuerwehrzufahrt gekennzeichnet ist. Ausgerechnet vor meiner Tür gilt ein Parkverbot, das andere meist nicht beachten. Jahrelang war die „lauwarme" Parkverbotszone zugestellt, bis ich irgendwann auch dort parkte.

Das ewige Parkproblem war schließlich die Initialzündung für den völligen Verzicht aufs Auto. Oft kurvte ich abends eine halbe Stunde im Viertel herum, bis ich endlich eine freie Ecke fand, an der man es wagen konnte, sein Auto für ein paar Stunden abzustellen. Immer häufiger überlegte ich mir schon morgens, ob ich das Auto an diesem Tag überhaupt brauchte oder nicht vielleicht doch besser das Fahrrad nehmen oder mit öffentlichen Verkehrsmitteln fahren sollte.

Ich habe gezittert und leise geflucht, wenn direkt vor dem Haus, in dem ich wohne, eine Dame, die Knöllchen verteilte, zu mir sagte: „Es ist Ihnen zuzumuten, bis zu fünfzehn Minuten von Ihrer Wohnung zu einem Parkplatz zu laufen."

Ich sagte, sie könne mir den Zettel auch gleich in die Hand

drücken und müsse ihn nicht erst unter den Wischer klemmen. Und: „Da ich schon mal da bin, fahre ich den Wagen weg. Vielleicht könnten Sie … Also, drücken Sie doch bitte ein Auge zu!" Genausogut hätte ich sagen können: „Mein Wellensittich spielt Beethoven."

Die Höhe der Kosten, die ich fürs Auto aufbringen mußte, ließ mich über ein anderes Mobilitätsmodell nachdenken. Meine Erfahrungen korrespondieren mit den Erkenntnissen über die gesamtgesellschaftliche Relevanz der Mobilität, von denen der Sozialpsychologe Harald Welzer in einem Interview mit der *Süddeutschen Zeitung* spricht:

„Man denkt zu selten darüber nach, welchen Verzicht der jetzige Lebensstil bedeutet. Die Folgekosten der Mobilität zum Beispiel sind enorm: Wenn man sich klarmacht, wie unser ganzes Land zugekleistert ist mit Autobahnen, Parkplätzen, Blech in den Straßen, daß wir Stunden im Stau stehen, uns immer noch viertausend Verkehrstote im Jahr leisten … Das kommt einem normal vor, weil man es nicht anders kennt. Vielleicht muß man sagen, es war zwar schön, mit dem Cabrio herumzuheizen, aber es gibt auch Dinge, die gehen nicht mehr. […] Auf jeden Fall werden wir unseren Lebensstil ändern müssen. Die Frage ist nur, ob man das als Horrorszenario empfindet oder als eine Herausforderung, die zu bewältigen Spaß macht." (59)

Seit sechs Jahren besitze ich kein Auto mehr, und bin trotzdem immer mobil. Berlin hat ein gut funktionierendes öffentliches Verkehrsnetz, von den Blamagen bei der S-Bahn, die der Deutschen Bahn gehört, einmal abgesehen.

Mit der Deutschen Bahn habe ich als Radfahrer allerdings erhebliche Probleme. Die Strecke Berlin–Würzburg ist gut ausgebaut. In vier Stunden komme ich von der Spree an den Main. Möchte ich mein Fahrrad mitnehmen, sieht die Sache anders aus. Die Fahrt von Berlin nach Würzburg dauert mit Rad elf Stunden, man muß fünfmal umsteigen. Das ist kein optimaler Service für Menschen, die aus ökologischen Gründen Fahrrad fahren wollen.

Im ICE ist die Mitnahme eines Fahrrades grundsätzlich nicht erlaubt. Im IC steht für Fahrradfahrer nur ein begrenztes Kontingent an Plätzen zur Verfügung. Man muß lange vorher reservieren. Selbst die für Fahrräder ausgerüsteten Regionalzüge bewältigen den Ansturm von Radfahrern an Sommerwochenenden nicht. Trotz alledem fahre ich, wenn ich kein Rad dabei habe, quer durch Deutschland nur mit der Bahn.

C. Ich fahre Rad, Achtung!

Zehn bis elf Monate im Jahr verlasse ich mich aufs Fahrrad. Zuweilen ähnele ich beim Transport größerer Objekte einem Radler in Peking. Oft kommt es auch zu seltsamen Begegnungen mit Autofahrern.

An einem schönen Spätsommerabend stelle ich mein Fahrrad im Dunkeln an einem Eisengeländer ab, das die Treppen zu einem Keller hinunterführt. Ich bin zu einem Treffen von Karikaturisten eingeladen. Wir sehen uns einmal im Monat. Als ich nach dem fröhlichen Abend mein Fahrrad aufschließen will, entdecke ich einen handgeschriebenen Zettel, der an der Lenkstange klebt. Ein weiterer Zettel, ein DIN-A-4-großes weißes Blatt, hängt über dem Fahrrad an der Wand. Auf beiden Zetteln steht: „Dies ist ein vermieteter Auto-Parkplatz. Bitte benutzen Sie den Fahrradstand hinter dem Haus."

Das Wort „Auto-Parkplatz" war unterstrichen. Der A-4-Zettel steckte in einer Plastikfolie. Da ich in einem Fenster Licht und den Schatten eines Menschen sah, stellte ich mich in den Hof und rief: „Ist hier jemand? Ich habe das Fahrrad hier abgestellt, Entschuldigung." Niemand antwortete.

Monatelang fuhr ich mit meiner papiernen Trophäe an der Lenkstange durch Berlin, bis sie ein Windstoß erfaßte und davontrug.

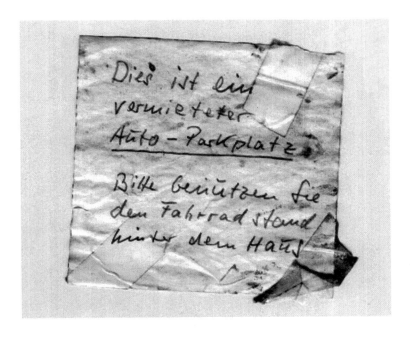

Die oben erwähnte Radlergruppe „Heilung und Gerechtigkeit" heißt so, weil die meisten ihrer Mitglieder Ärzte und Anwälte sind.

Jedes Jahr unternehmen wir von Mai bis November acht bis zehn kurze Touren, zwischen einem und vier Tagen lang. Wer eine Route vorschlägt, organisiert auch die Anfahrt, die Übernachtungen und gegebenenfalls das Ausleihen von Rädern.

Seit zehn Jahren bin ich mit der Gruppe unterwegs. Die kurzen Fahrten gehören nicht nur landschaftlich gesehen, sondern auch kommunikativ zu den schönsten Erlebnissen. Wenn das Wetter mitspielt, ist die Ostseetour entlang der Küste, von Kiel nach Usedom an der polnischen Grenze, ein Traum. Empfehlenswert sind des gleichen die Touren, die der Weser, der Elbe und dem Main folgen.

Auch eine große Gruppe von bis zu fünfzehn Teilnehmern kann flexibel agieren und sich auf gut ausgeschilderten Radwegen flott vorwärts bewegen. Zudem stimmt bei uns die Atmosphäre, der Umgangston ist freundlich, Hilfsbereitschaft wird groß geschrieben. Seit Gründung der Gruppe vor über zehn Jahren ist kein einziger ausgestiegen. Neue Mitglieder können nicht aufgenommen werden, um die Flexibilität während der Touren nicht zu gefährden.

Im Laufe der Jahre hat sich bis auf den Fahrradhelm optisch wenig geändert. Trug bei der allerersten Fahrt nur einer einen Helm, ist heute mehr als die Hälfte mit einem ausgestattet. Die Meinungen gehen diesbezüglich weit auseinander. Einer der Ärzte schildert seine Erfahrungen mit Fahrradunfallopfern, die keinen Helm trugen. Die Kopfverletzungen seien oft irreversibel. Ein anderer Arzt hingegen weist auf die unsachgemäße Benutzung des Helms hin, die Verletzungen überhaupt erst nach sich ziehe. Auch lasse die Qualität vieler Helme zu wünschen übrig. Helm hin oder her, auf die Touren mit meiner Radlergruppe möchte ich nicht verzichten.

Fahrradfahren ist jedoch nicht immer ein Vergnügen, und oft gönnen andere Verkehrsteilnehmer dem Fahrradfahrer den Platz auf der Straße nicht.

Im Frühjahr, wenn die Knospen sprießen, benutze ich in Berlin die Rheingaustraße, obwohl die kurze Fahrt durch die von hohen Kastanien gesäumte Allee meist ein Umweg ist. Aber es ist eine Lust, unter dem grünen Dach der Kastanien auf der wenig befahrenen Straße dahinzurollen. Die Blätter sind noch zartgrün, die Sonne schimmert durch die Baumkronen, außer mir fährt nur noch eine Frau mit einem Kleinkind auf dem Fahrradsitz die leicht abschüssige Straße entlang.

Plötzlich nervöses Hupen. Ich halte an, da ich im Auto einen Bekannten vermute, beuge mich zum Seitenfenster des roten Sportwagens hinunter und blicke zwei mir unbekannten Männern mittleren Alters in die Gesichter. Sie könnten, braungebrannt, schwarze T- Shirts, muskulös, Fitnesstrainer sein.

Der Fahrer: „Ey, du Penner, weißt du nicht, daß das unsere Straße ist?"

Ich spiele den Hörgeschädigten: „Wie bitte?"

„Du Arschloch solltest wissen, daß diese Straße für uns da ist und nicht für Fahrradfahrer!"

Wieder tue ich so, als verstehe ich ihn nicht. Ich beuge mich weiter zum Beifahrer hinunter, der durch mich hindurchblickt und nichts sagt.

„Blödmann! Verpiß dich, du Penner!"

Der Motor heult auf, und der Wagen rast um die Ecke davon.

Keine Frage, auch ich bin gelegentlich in einem Auto unterwegs. Ich bin gerne Mitfahrer und lasse mir sperrige Sachen von Freunden bringen, die ein Auto haben. Hin und wieder lease ich einen Wagen, für irgendeinen Transport oder für eine längere Reise, etwa nach Lissabon. Genußvoll verzichten meint nicht, auf alles zu verzichten.

99,9 Prozent der PKW wiegen über eine Tonne, leer, ohne Extras und Insassen. Bei einem Unfall kann das schwerwiegende Folgen haben. Es lohnt sich für den Fahrradfahrer nicht, den Stärkeren zu spielen. Manche Radler fordern die Autofahrer dennoch heraus, nehmen ihnen die Vorfahrt, überqueren unvermittelt die Straße oder fahren provokant langsam vor ihnen her.

Fahrradfahrer sollten auf den Fahrradwegen bleiben und möglichst nicht auf der Straße fahren. Wir brauchen deshalb mehr Fahrradwege, am besten überall welche. Und wenn man, wie ich in der Rheingaustraße, auf aggressive Autofahrer trifft, sollte man einfach nicht reagieren und weiterfahren.

In Berlin gibt es viele und gut ausgebaute Fahrradwege, es sind jedoch nicht genug. Wenn ich den Fahrradweg verlassen muß, bevorzuge ich den Bürgersteig, auch auf die Gefahr hin, ins Geschiebe der Fußgänger zu geraten und manch bissigen Kommentar abzubekommen. Das Gezeter altbackener und frustrierter Einwohner vom Berliner Schlage „Mir kann keener" ist mir lieber, als mich den 150 PS eines BMWs auszusetzen, an dessen Steuer ein Typ à la Steve McQueen in dem Filmklassiker *Bullitt* sitzt.

D. In der Bahn – Der Nachbar hört mit

Ich steige in kein Flugzeug mehr, das innerhalb Deutschlands unterwegs ist. Eine mir seit langem vorliegende Einladung auf die Seychellen nehme ich nicht an.

Die Bahn genießt bei mir eindeutig Vorrang, obwohl der Service oft zu wünschen übrigläßt. (60) Über den Service, die Angebote, die Preise und das Management der Deutschen Bahn läßt sich streiten. Klimaanlagen von ICE-Zügen versagen im Winter bei extremer Kälte und im Sommer bei extremer Hitze. Vieles ist zu bemängeln und sollte von den Fahrgästen immer wieder kritisiert werden. Leider haben wir nur diese eine Fernbahn und keine bessere.

Während des letzten Streiks der Lokführergewerkschaft erfuhr die Öffentlichkeit, wie niedrig das Monatsgehalt eines Lokführers ist, der einen Interregio, einen IC oder einen ICE sicher durch die Landschaft steuert. Die Schere zwischen den Gehältern der Lokführer und der Vergütung von Vorstandsmitgliedern der Deutschen Bahn geht exorbitant auseinander. Der Lokführer erhält zirka 2.000 Euro pro Monat, das Vorstandsmitglied 150.000 Euro. Eine schreiende Ungerechtigkeit.

Eine der schönsten Einrichtungen der Bahn ist der Speisewagen, ein Zufluchtsort in überfüllten Zügen, aber auch ein Platz zum Kommunizieren und Kennenlernen. Doch wie oft schon nervte einen ein Fatzke mit Handy, der sein Büro vor einem aufbaut und das gesamte Abteil ausschweifend mit seinen Verkaufsgesprächen behelligt? Glauben diese Leute, das sei von allgemeinem Interesse?

Inzwischen hat sich eine regelrechte Streitkultur entwickelt. In fast jedem Zug tritt regelmäßig der Typus „Handylautquatsch" auf. Erfreulich oft wird der Störenfried schon nach kurzer Zeit ruhiggestellt. Freude und Erleichterung sprechen dann aus den Gesichtern der Mitreisenden. Man bestellt noch einen Wein oder ein Weizenbier und ist für heute mit der Bahn zufrieden (sofern sie pünktlich ist). (61)

Gleichwohl, vieles ist eben an der Bahn zu verbessern. Die Liste der Beanstandungen sprengt den Rahmen dieses Buches. Zweifellos führt die Privatisierung in die falsche Richtung. Und im permanenten Konkurrenzkampf zwischen Bahn und Billigfluganbietern wäre die Bahn vom Staat bevorzugt zu behandeln. Solange innerdeutsche Flüge preisgünstiger angeboten werden als die gleichen Verbindungen mit der Bahn, hat die umweltfreundlichere Bahn das Nachsehen.

Für mich gibt es kein Zurück mehr zum Auto, obwohl ich manchmal davon träume, in einem Cabrio am Lago Maggiore entlangzufahren. Harald Welzer schreibt: „Ich habe neulich mal rekonstruiert, wie sehr Mopeds und Autos meine Biographie geprägt haben, welche emotionale Rolle sie lebensgeschichtlich spielen, wie sich diese technischen Geräte in meine mentale Infrastruktur eingeschrieben haben. Diese Rekonstruktion endete bei dem Befund, daß ich selber das Problem bin, das gelöst werden muß, wenn ein kultureller Wandel erfolgreich sein soll." (62)

E. Tomayers Fahrraddiebhalsgerichtssordnung
Kurz vor der Fertigstellung des Manuskripts zu diesem Buch wurde mir mein Fahrrad gestohlen. Ich hatte es von einem sehr freundlichen Menschen geschenkt bekommen. Nie zuvor habe ich ein so gutes Fahrrad besessen. Gebaut hatte es die Berliner Fahrradmanufaktur. Vier Jahre saß ich auf dem harten Sattel. Es war mit einem Bügelschloß gesichert, stand jedoch einige Nächte am Berliner Hauptbahnhof. Das war ein Fehler.

Der Journalist und Schriftsteller Horst Tomayer schickte mir als Trost sein Gedicht „Tomayers kleine Fahrraddiebhalsgerichtsordnung". Vorhang auf! (63)

Tomayers kleine Fahrraddiebhalsgerichtsordnung

Ein Pamphlet zum Thema „Fahrraddiebstahl"
in Endreimform

Daß die Welt dem unschuldigen Nichts
nichts anderes ist denn tödliche Arznei /
Wer vermöchte hievon
vornehmlicher zu künden denn der
seit Aufdieplätzeachtungfertiglos in den
Schluchten des Universums sich au wei /
Beide Beine brechende Schmerzensschrei /
Von den Myriaden /
Schande über Schande auf die Zinnen des
Mount Shameless häufenden Taten /
Aber ist das schändlichste Verbrechen
in Zeit und Raum /
Die widerrechtliche Fortnahme fremden
Fahrrads von Kandelaber, Brückengeländer,
Fahrradständer, Hauswand und Baum.

Ja, das schändlichste Verbrechen
Ist das Fahrradschloßaufbrechen /
Ja, schlimmer als Kleinkinderficken,
Robbenbabyentkleiden oder Hostienbespein /
Ist das Fahrradeigentümer/Fahrrad-Entzwein /
Ja, gemeiner denn der tückische Schlachter
an der ahnungslosen Sau /
Handelt am Fahrradeigner der Fahrradklau /
Heilig Heilig Heilig ist das Eigentum am
Fahrrad, jedoch der Fahraddieb /
Pißt, scheißt und kotzt aufs Sakrament,
welches da heißt: Nimms nicht! Hab deinen
Menschenbruder namens Fahrradeigner lieb!

Ja, Heilig Heilig Heilig ist das Eigentum an
diesem köstlichen Gerät/
Doch grausamer als aller Kains und aller Neros
aller Zeiten ist des Fahrraddiebes Bestialität/
Es war der Fahrradeigner vor der Tat /
Ja so unendlich glücklich mit seim Rad /
Ein süß lackiertes Ding mit dem (drei Blätter
vorn, acht Ritzel hinten) er in Gänge kam /

Und das ihn selbstlos mit in Licht und Luft
und Landschaft nahm /
Er hatte sie vom Mund sich abgespart
und stantepede nach der Probefahrt
mit ihr gepaart /
Sie trug ihn seither hoch den Harz,
hinab die Rhön, durchs Altmühltal,
den Elbdeichkamm entlang /
Sie trug ihn (kleine Stadtfahrt) hin
zu Kino, Disco, Tennisplatz, Staatsbücherei
und Fastfoodrestaurang /
Sie trotzte Scherben, Nägeln, Streusalz,
Splitt /
Hielt an die Luft, gehorchte schnurrend
jeder Schaltung, tapfer jedem Tritt /
Er dankte ihrs mit trocknem Unterstand,
korrektem Pneudruck und manch
Extraschmätzchen Öl /
Da kam der Fahrraddieb
und nahm ihm das Juwel /
Von weitem schon gewahrte er – das Schloß? /
Geschändet! Und weg? Sie!
Da brach der Fahrradeigner wie von Tamerlans
geschlossner Hand gefällt ins Knie.

Dieb! Ausgeburt! Du stürztest deinen
Menschenbruder namens Fahrradeigner in
marianengrabentiefes Leid? /
So sei, du krumme Kreatur, von nun
in alle Ewigkeit vermaledeit /
Und wisse nun: Die Tage sind gezählt und
bald schon schlägt die Stund Hund, dir,
fällst in die Häscherhände du dem
Fahrraddiebstahlsrachebund /
Bist du, du Dreck des Drecks vor dem der
Dreck vor Schreck die Augen schließt,
erwischt, winkt dir der Untat Lohn /
Und eine Mutter zückt das Zellstofftuch,
um reinzuweinen in dasselbe
im Zusammenhang mit dir, dem toten Sohn /
Bist du ertappt, so bist du, Schande, dran /
Und es klagt maghrebinisch laut ein Weib
um seinen toten Mann/
Bist du, vor dem sich ekeln Blutsturz,
Raucherbein, Geschwür /
Gestellt, so sei gewiß,
es kräht kein Wienerwaldhahn mehr nach dir /
Bist du sistiert, so hoff auf Gnade nicht /
Denn weder Recht noch Gnade, Rache nur,
macht Sinn beim Raddiebhalsgericht /
Soo aber, Raddieb, wirds geschehn /
Und es wird Schauder sein und nicht sein schön /
Raddiebscharfrichter, wird es heißen,
walte deines Amts /
Und nimm sein Leben stückweis ihm,
sein durch die Tat verdammts /
Ist sein Verbrechen nicht in seinem gierigen
Geäug erblüht? /
So sei ihm seine Optik mit auf tausend Grad
erhitzten Speichen ausgeglüht /
Und auf die von abgrundtief gemeinen Blicken /
Entleerten Höhlen pappe man
zwei REMA TIP TOP Touring Fahrradflicken /

Hat er die Lenkerhörner nicht
mit Diebeshand gepackt? /
So seien ihm die Hände fein
am Pulspunkt abgehackt /
Hat er, als er mit fremdem Rade flitzte,
seine Arme nicht benutzt? /
So seien ihm die Flügel
bis zum Schlüsselbein gestutzt /
Die Beine taten bei der Flucht vom Ort der
Untat Dienste ihm?
So, Raddiebhenkersknecht /
Mach dein Gesellenstück und trenn die Haxen
ab ihm eine Handbreit unter dem Gemächt /
Hat er mit seinem Arsch den sakrosankten
Sattel nicht geschändet? /
So sei er nicht um Arm und Bein verhackstückt nur
und auch nicht nur bloß geblendet /
Man pfähle ihn, man treib des Rahmens
Leichtmetallgestänge /
Dem Fahrraddieb nach Art Vlad Tepechs in den
After und der Därme Wendeltreppengänge /
Bis daß es dem Gestänge
von des Fahrraddiebes Innereien graut /
Und es erleichtert
aus dem Mund des Fahrraddiebes schaut /

un, Raddiebscharfrichter
mach des Bestohlnen Rache satt/
Und flecht zuguterletzt den Torso auf das Rad/
Und pflanz das Rad hoch auf die Rad
Hoch auf die Raddiebschandestange /
Am Radwegrand, und laß das Fahrraddiebaas
nur den Fahrraddiebaasgeiern unterm
Himmel lange /
Und da ist keiner, Raddieb,
der für dich um Gnade fleht /
Und es begleitet dich ins Nichts
die letzte Ölung nicht, noch ein Gebet!

D. Einwurf von Joseph Huber

In meinen Gesprächen mit dem Soziologen Joseph Huber über die Vorzüge des Radfahrens konstatierte er, daß Radfahren durchaus eine Alternative zum Auto sei, „aber nicht wirklich". Wir lebten in einer automobilen Gesellschaft, und Ziel müsse es sein, ein Auto mit sauberem Antrieb zu fahren. Das Auto sei aus unserer Gesellschaft nicht mehr wegzudenken.

Untersuchungen haben ergeben, daß Menschen durchaus auch verzichten wollen, etwa auf Verpackungen oder auf eine Dusche. Auf das Auto wollen sie aber auf keinen Fall verzichten.

In der Verkehrswissenschaft bezeichnet der Begriff „Modal Split" die Verteilung des Verkehrsaufkommens: zu Fuß, Fahrrad, Auto, Straßenbahn, Bus, Eisenbahn, Fliegen. Die Bereitschaft, ausschließlich das Fahrrad zu benutzen, ist praktisch nicht vorhanden. Man investiert hingegen gern in ein teures Ökoauto, auch wenn das Nahverkehrsnetz hervorragend ausgebaut ist. Man möchte selbst entscheiden, wie man sich fortbewegt. Punkt. (64)

11 MOBILE PHONE

Kein Handy zu besitzen ist manchmal beschwerlich, aber nur manchmal, und das iPhone ist ein großer Verführer. In meiner Beziehung scheint eine Rollenverteilung stattgefunden zu haben.

Da ich kein iPhone besitze und nur noch sehr selten morgens Zeitung lese, sitze ich mit meiner Partnerin am Frühstückstisch stumm vor Kaffee und Brötchen. Im Hintergrund läuft das Deutschlandradio. Wüßte ich nicht, daß meine Lebensgefährtin unterhalb der Tischkante mit ihrem iPhone hantiert und diverse Online-Zeitungen liest, könnte ich annehmen, es gehe ihr nicht gut. Seitdem ich morgens kaum noch eine Zeitung in die Hand nehme und mich aufs Radio beschränke, scheint meine Partnerin in dieser Beziehung der Mann zu sein.

A. Vodafone stiftet
Will ein Unternehmen auf sich aufmerksam machen, stiftet es einen oder mehrere Preise – so auch Vodafone. Das britische Telekommunikationsunternehmen setzte 2009 50,3 Milliarden Euro um, in Deutschland allein 9,4 Milliarden. Der Gewinn vor Steuern betrug 3,67 Milliarden Euro.

Die Preise der Vodafone-Stiftung werden beispielsweise an besonders engagierte Lehrer vergeben. Der Hauptpreis in Höhe von 5.000 Euro ging an eine Realschullehrerin, die ihre Schüler dazu animierte, aus Sperrmüll Musikinstrumente zu basteln. Insgesamt lobte man Lehrerpreise in Höhe von 23.000 Euro aus – und zwar sicher nicht aus uneigennützigen Gründen.

Zur Erinnerung: 2002 kaufte Vodafone die Firma Mannesmann. Klaus Esser, der Verhandlungspartner von Mannesmann, bekam für den Deal dreißig Millionen Euro. Der Vorgang richtete in der Öffentlichkeit den Fokus auf die Gier der Manager. Öl ins Feuer goß der Vorsitzende der Deutschen Bank, Josef Ackermann, indem er während des Prozesses gegen Esser vor laufenden Kameras demonstrativ und mit strahlendem Lächeln das Siegeszeichen machte. Esser gewann den Prozeß und behielt seine dreißig Millionen.

Schaut man sich auch vor diesem Hintergrund die Gewinne von Vodafone in Deutschland an und vergleicht sie mit dem Betrag des Lehrerpreisgelds, ergeben sich folgende Relationen:

Teilt man das Gesamtpreisgeld von 23.000 Euro durch siebenundzwanzig prämierte Lehrer, erhält jede Schule 851,80 Euro. Damit kann sie ein kleines Fenster aus Holz (Kiefer, weiß endbehandelt), Höhe 75 cm, Breite 31 cm, kaufen und einbauen lassen. Mit dem gleichen Betrag kann die Schule auch etwa 400 mittelgroße Radiergummis anschaffen oder 600 Buntstifte, 800 Blatt DIN-A-2-Zeichenpapierkarton, 80 Tuschkästen, 237 Roßhaarpinsel, 425 Tuben Alleskleber (kleine Tube), 80 Geometriedreiecke (Hypotenuse 16 cm) oder 338 farbige Tafelkreiden.

Mit dem Gewinn von 3,67 Milliarden Euro kann die deutsche Vorstandsetage, angenommen, es sind zehn Personen, 734.000 Flaschen Rotwein der Marke Petrus, Jahrgang 1999, kaufen, die Flasche für 500 Euro, pro Person sind das immerhin 73.400 Flaschen. Jedes Vorstandsmitglied könnte jeden Tag 201,09 Flaschen Petrus trinken, die Flasche, wohlgemerkt, zum Preis von 500 Euro.

Zum Wohle! (65)

B. Kommentare

Die obigen Anmerkungen erschienen zuerst in meinem *taz*-Blog. Umgehend meldeten sich zwei Leser.

„Lieber mal nachrechnen, was Vodafone den deutschen Schülern per Handy aus der Tasche zieht", schrieb einer. Der zweite Kommentar kam direkt aus dem Hause Vodafone:

„Stiftung ist Stiftung, und Unternehmen ist Unternehmen. Das Unternehmen erwirtschaftet Gewinne in Deutschland. Das ist und bleibt die Voraussetzung für sichere Arbeitsplätze und Investitionen in das Unternehmen und den Standort. Seit 2000 wurden rund

20 Milliarden Euro in Deutschland in Technik und Netz, Patente und Entwicklungen und Lizenzen investiert. Die Vodafone-Stiftung ist eigenständig. Ein Beirat, in dem fünf von sechs Mitgliedern externe Experten sind, die keinen Bezug zum Unternehmen haben, beschließt das Programm und die Freigabe der Mittel. Jährlich stehen so 6 Millionen Euro für Projekte zur Verfügung. Dazu gehört das Straßenkinderprojekt offroad-kids ebenso wie die Kinderschmerzambulanz in Datteln oder der Wiederaufbau der Anna-Amalia-Bibliothek in Weimar. Sie alle zusammen bilden das Portfolio dessen, wo sich die Vodafone Stiftung engagiert. Beim ‚Deutschen Lehrerpreis‘ der Stiftung standen und stehen Anerkennung und Wertschätzung im Mittelpunkt. Wertschätzung auf Preisgelder zu reduzieren ist eine zumindest sehr einseitige Betrachtung." (66)

Der Verzicht auf ein Handy ist inzwischen auch von Journalisten und Autoren als Thema entdeckt worden. Christoph Koch zum Beispiel hat sich dem Experiment unterzogen, vierzig Tage lang auf Internet und Mobiltelefon zu verzichten. Er hat darunter, wie er in seinem Buch *Ich bin dann mal offline – Ein Selbstversuch – Leben ohne Internet und Handy* berichtet, schwer gelitten.

In der *taz* sprach er von einem „Trauma". Koch muß Schreckliches erlebt haben. Schon die erste Frage von Stefan Kuzmany spielt auf die Dimensionen des Verzichts an: „Herr Koch, wie kann ein Mensch so etwas überhaupt aushalten?"

Koch antwortet mit dem Wort „Verzweiflung", spricht von einem „schlimmen Gefühl sozialer Vereinsamung" und vom „Eindruck, abgeschottet zu sein" – als „Offline-Eremit", der ohne Facebook zu keinem Geburtstag mehr eingeladen wird.

Da kann man nur schmunzeln oder den Kopf schütteln. Doch Erkenntnis naht: „Nach etwa ein bis zwei Wochen habe ich mich ganz gut damit arrangiert, nicht mehr vernetzt zu sein. Offline habe ich mich auf Relevantes beschränkt."

Das Interview endet mit dem Eingeständnis, daß es sich ohne Mobiltelefon und Internet gut leben lasse, man die schlechten

Angewohnheiten aber nach Beendigung des Experiments wieder annehme. Und: Ohne geht's eben doch nie mehr. Koch: Das Internet „macht unser Leben reicher, glücklicher, sinnvoller und vielfältiger. Man braucht das Internet nicht. Doch man wäre dumm, es nicht zu benutzen."

Die Ansicht teile ich, und ich verstehe, warum das iPhone mit seinen Apps wahrlich verführerisch ist.

12 BEWEGER

Ich verzichte auf ein Handy, auf ein Auto und auf andere Konsumartikel. Andere Menschen verhalten sich indes konsequenter und auch radikaler. Es sind unterschiedliche Motive, die dazu führen, aus dem Streß des Alltags auszusteigen. Oft sind die Gründe des Verzichts oder einer Lebensveränderung ökologischer Art.

A. Die Idee des Aussteigens – Investmentbanker Rudolf Wötzel
Der Investmentbanker Rudolf Wötzel arbeitete in einer Spitzenposition bei Lehman Brothers. 2007 kündigte er, nachdem bei ihm Burnout diagnostiziert worden war. Um sich zu kurieren, wanderte Wötzel ein halbes Jahr durch die Alpen.

Heute hält er in der Schweiz Seminare für Manager und arbeitet als Hüttenwirt in Graubünden. Wötzel hat dem „Wachstumsstreß" den Rücken gekehrt und teilt sein Leben völlig anders ein. Er nimmt sich, wie er in einem Interview sagt, mehr Zeit für sportliche Abenteuer, denkt über den Klimaschutz nach, fährt jedoch auch mit Vergnügen mit seinem Cabrio in die Berge:

„Zwischen Statussymbolen und totaler Askese gibt es einen Mittelweg. Als Karrieremensch läuft man Gefahr, mit diesen Insignien des Wohlstands zu kompensieren, daß man so hart arbeitet. Wenn man das mit einer Bilanz vergleicht, habe ich auf der Aktivseite diese ganzen Ikonen des Wohlstands, auf der Passivseite die hohe Arbeitsbelastung, Defizite bei Gesundheit und privaten Beziehungen. Ich habe beides rausgekürzt, und so geht die Bilanz am Ende trotzdem auf. Ich brauche keinen Zweitwohnsitz oder drei Autos. Eins reicht mir, solange ich damit die Bergpässe hochheizen kann." (67)

B. Kleine Schritte mit dem selbstgebastelten Windrad – Christian Kuhtz
Die *taz* widmete Christian Kuhtz im September 2009 unter der Überschrift „Einfälle statt Abfälle – Zu Besuch bei einem sparsamen Tüftler" zwei ganze Seiten. Ich fasse kurz zusammen:

Christian Kuhtz ist ein begnadeter Verwerter von Wohlstandsmüll, Erfinder und Designer von Windrädern, Sonnenkollektoren, Solaröfen und einer Komposttoilette. Alle selbstangefertigten Geräte benutzt er auch selber.

Der Vegetarier lebt konsequent spartanisch mit seiner Frau und zwei Kindern in einer Doppelhaushälfte bei Kiel, ohne Auto, Telefon, Internet, Fernsehen, Kaffeemaschine und Kühlschrank. Sein technisches Wissen macht er in einer Broschürenreihe über einen Briefverteiler zugänglich. Kuhtz, Jahrgang 1958, gewann schon als Schüler den ersten Preis bei „Jugend forscht". Er erzählt:

„Eine wichtige Erfahrung war der Widerstand gegen den Bau des Atomkraftwerkes in Brokdorf, 1976. Aber nur auf die Demo zu gehen und nichts zu bieten zu haben war mir zu wenig. Ich habe im Garten eines Freundes herumexperimentiert mit Windrädern, die billig sein sollten und zum Nachbauen für andere, aus Sachen, die man leicht findet. [...] Später habe ich alte Fußbodendielen zu dynamischen Flügeln gehobelt. Es änderten sich natürlich eine Menge Details von 1981 bis heute, aber das Grundkonzept ist geblieben. Mit so einem Windrad versorgen wir unseren Haushalt. [...] Ich habe viele Sonnenkollektoren gebaut und auch verschiedene Öfen, meist für Projekte, damals in meinen Wanderjahren. Ich wurde unentwegt weiterempfohlen als Ökohandwerker. Meist gegen Kost und Logis. [...] Großes Thema war, alles mögliche selber zu machen. Wir haben uns Fahrräder aus Schrotträdern gemacht, haben uns mit einer reparierten Tretnähmaschine Sachen genäht, Hosen und Windjacken aus alten Sofabezügen. [...] Das Fahrrad, das damals schon alt war, fahre ich heute noch jeden Tag." (68)

Im „Haushalt"-Heft Nummer 3 der Reihe *Einfälle statt Abfälle* geht es um die Müsli-Quetsche. „Voll-Korn-Quetschen selber bauen! Drei genaue Anleitungen zum Bau aus Holz-, Blech-, Eisenabfällen mit einfachstem Werkzeug".

Jeder Fertigungsprozeß wird detailliert beschrieben und durch

Fotos und exakte Zeichnungen veranschaulicht. Ein Basteltrickverzeichnis klärt über Holzverarbeitung und Holzverbindungen, aber auch über Blechbearbeitung auf: alte Dosen aufschneiden, glätten, rundbiegen, knicken, Ränder bördeln und nieten.

Heft 1 eröffnet mit der „Sonnenwärme – Zwölf Bauanleitungen zum Wasserbereiten, Dörren, Kochen, Destillieren". Die Reihe „Handwerk", Heft 2: „Wir bauen ein Lehm-Fachwerkhaus. Vom Grundstein bis zum First, einfach und schön mit der Hand, aus Abbruch- und Naturmaterialien." Heft 7 aus der Reihe „Fahrrad": „Rad kaputt – Sämtliche Fahrradbau- und Reparaturtricks. Vom Platten bis zum Rahmenbruch, unterwegs ohne Werkstatt. Naben- und Kettenschaltungen. Außerdem Uralt-Schaltungen."

C. Downshiften – Die 100-Dinge-Herausforderung
Der Meister im Downshiften ist David Bruno. Er hat seinen Haushalt auf hundert Dinge reduziert und in einer langen, sorgfältigen Auswahl alles über Bord geworfen, von dem er meint, es nicht mehr zu benötigen. Gleichzeitig richtete er eine Website ein, auf der er den Vorgang dokumentierte. Andere folgen seinem Beispiel. Bruno spricht von „genußvollem Verzicht". Auf seiner Website klingt das so:

„I'm not sure I'm about to fall off the wagon. Honestly, I need to buy a few things. My shoes have served me well for many years but need replacing. Could use another pair of jeans, less faded than the two I own. One more button down shirt would be nice for work. Since doing the 100 Thing Challenge, it has been more difficult to just buy the few things that I need. Mostly it's been hard because I realize that in all reality I could get by without the new stuff. I can make do. And also, I'm much more conscientious with money. If, say, I get $50 for a birthday, it is way harder to spend that money now that I'm in the habit of not spending money. I want to tuck my cash away in the bank. Anyway, I'm going to force myself to get some new clothing items that I need. But really, deep down inside, for some reason, right now I want to make a rash purchase – a bike." (69)

D. Die Erfahrungen der Krautwaschls – Plastik muß draußen bleiben

Am 14. November 2009 begann die Familie Krautwaschl mit dem Versuch, alles, was aus Plastik ist, aus dem Haus zu verbannen. Auslöser war der Dokumentarfilm *Plastic Planet* von Werner Boote gewesen. Nicht nur der Verbrauch von jährlich 240 Millionen Tonnen Kunststoff rüttelte die Krautwaschls wach, sondern auch, daß sich die Kunststoffe im Laufe der Zeit in der Nahrung und im Blut eines jeden Menschen anreichern.

Ein Foto in der *taz* zeigt die fünfköpfige Familie vor ihrem schönen alten Bauernhaus inmitten eines Bergs aus Kunststoffprodukten. Auch die Wand des großen Hauses ist mit Hunderten von Kunststoffprodukten behängt. Seither sucht die Familie Ersatz für sämtliche ausgemusterten Plastikteile. Sandra Krautwaschl: „Für mich hieß Verzicht immer, ich entbehre oder vermisse was. Für uns war das Gegenteil der Fall."

Probleme bekam die Familie mit ihrem unmittelbaren Umfeld. So mußte sich Frau Krautwaschl, wenn sie auf der Suche nach Lebensmitteln ohne Plastikverpackung mit Glasbehältern in einem Laden auftauchte, öfters anhören, sie sei eine „Ökoterroristin".

Eine hundertprozentige Unabhängigkeit von Plastik scheint unmöglich zu sein. Aber: „Bad und Küche sind komplett plastikfrei', sagt Sandra, als sie Kaffee auf dem holzbefeuerten Tischherd bereitet. Das Holz kommt aus dem nahen Wald, die Milch holt sie in der Blechkanne vom Bauern im Dorf. Die Familie kauft im Supermarkt gezielter ein und spart nach eigenen Angaben noch Geld dabei. Zwar sind plastikfreie Produkte vielfach teurer, dafür gehören Impuls- und Schnäppchenkäufe seit November der Vergangenheit an." (70)

E. Rolf Disch, Solararchitekt

Rolf Disch aus Freiburg hat sich schon immer mit Umweltfragen auseinandergesetzt. Seine radikalen, aber auch soliden und praktikablen architektonischen Entwürfe setzt er bereits seit den siebziger Jahren mit Geduld und Humor gegen vielerlei Widerstände um.

Die Politik favorisiert inzwischen das sogenannte Passivhaus, das aber nicht die Vorteile eines von Disch und seinem Team entworfenen Plusenergiehauses besitzt.

Disch raucht nicht, fährt vornehmlich Fahrrad, fliegt fast nie und nimmt auch für lange Strecken den Zug. Er war Ökomanager des Jahres 1998 und erhielt 2009 für das Plusenergiehaus den Utopia-Award, den Preis für das ökologischste Produkt des Jahres. (71)

Unser Gespräch über Solarenergie und Solararchitektur fand – mit längeren Unterbrechungen – an drei Tagen im Herbst 2009 statt. (72)

Was ist Solarenergie?
Rolf Disch: Ich versuch's mal ganz einfach: Die Sonne schickt uns Licht, erwärmt die Erde und setzt alle großen Kreisläufe in Gang: Strömungen und Wind, Verdunstungen und Niederschläge, Aufheizungen und Abkühlungen. Ohne Sonne gibt es kein Leben auf der Erde. Im Vergleich zu dem, was die Sonne uns an Energie schickt, sind alle anderen Energieangebote – wie Kohle, Erdöl, Erdgas und Uran – auf der Welt marginal. Im übrigen ist auch die Energie, die in Biomasse, Wasserkraft und Wind, aber auch in Kohle, Erdgas und Erdöl steckt, in den versunkenen Wäldern der Urzeit, nichts anderes als gespeicherte Sonnenenergie. Wir werden demnächst die versunkenen Wälder dort lassen, wo sie sind. Wir werden nur noch die Regenerativen Energien nutzen.

Also, was ist Solarenergie? Sie ist der Schlüssel zu einer neuen technischen und gesellschaftlichen Revolution. Denn wir sind in der Lage, mit einer relativ einfachen Technik die Sonnenstrahlen direkt umzuwandeln in Wärme oder mit einer nur unwesentlich komplizierteren Technik in elektrischen Strom, die wir direkt nutzen oder speichern oder in wiederum andere Energieformen umsetzen. Nur hier sprechen wir von Solarenergie im engeren Sinn.

Und ich bin begeistert von den Möglichkeiten, die sich hier abzeichnen.

Seit wann sprechen wir von Solartechnik?

Es gab wahrscheinlich schon im antiken Griechenland Geräte, die Sonnenstrahlen konzentrieren konnten. Und seit 1816 haben wir den Stirlingmotor, der aus Wärmeunterschieden Bewegung erzeugt und auch mit Solarenergie betrieben werden kann. Die moderne Entwicklung hat aber erst in den 1950er Jahren begonnen.

Gibt es Namen, Firmen, Personen, Theoretiker?

Die erste Fotovoltaikzelle wurde 1955 entwickelt – von der Firma Bell. Und Eduard Justi hat sich in den sechziger Jahren damit beschäftigt, wie man Sonnenlicht für Warmwasser oder Raumheizungen einsetzen kann. 1984 hielt ich mein erstes Solarmodul in Händen. Da hingen zwei Drähte heraus, Plus und Minus, und ich habe einen kleinen Elektromotor angeschlossen. Das zum erstenmal zu erleben war erstaunlich: Du hast eine Platte, darauf fällt Sonnenlicht, es kommt Strom raus und bewegt einen Motor. Die Sonne bewegt den Motor! Ist das nicht faszinierend?

Das klingt nach einem Schlüsselerlebnis. Fing damit dein Engagement als Solaraktivist an?

Das war sozusagen ein technisches Schlüsselerlebnis. Es gibt auch ein politisches Erlebnis, und das war noch früher. Ich glaube übrigens bis heute, daß Technik und Politik zusammenkommen müssen – und daß diese beiden Aspekte nur im Zusammenspiel der Interessen von Individuen, der Verantwortung von Bürgern und der Intelligenz von Unternehmern und Verbrauchern eine Grundlage finden können. Wir können einen Kulturwandel beobachten. Heute. Jeden Tag. Und das ist erst recht faszinierend.

Bei den Architekten ist all das schon immer zusammengekommen, oder?

Das ist wohl so, ja. Und natürlich kommt noch der ganze Entwurfsprozeß dazu. Die Solartechnik dann noch gut zu gestalten …

Alle gesellschaftlichen Umbrüche haben sich auch in der Architektur ausgedrückt. Das ist jetzt wieder so.

Was war denn das entscheidende politische Erlebnis?

In Wyhl, am Kaiserstuhl, sollte ein Kernkraftwerk gebaut werden, das wir verhindern wollten und auch verhindert haben – Kaiserstühler Bauern, Studenten, Bürger aus Freiburg und allen Kommunen der Region, das war eine ganz besondere Mischung. Aber gegen etwas zu sein ist einfach, man muß auch eine Alternative anbieten. Aus unserem Kampf sind zunächst kleine Initiativen entstanden, die sich dann erfolgreich und ganz unterschiedlich weiterentwickelten: in Wissenschaft, Wirtschaft, Politik, zivilgesellschaftlichem Engagement. Zunächst gab es zum Beispiel die ersten Umweltmessen aus dem Protest und dem Informationsbedürfnis heraus, in Sasbach.

Und was hast du dort gemacht?

Ich saß an einem Tisch, und darauf stand ein Schild: Energieberatung. Es ging bei allen komplizierten Diskussionen dann doch erst einmal um einfache Dinge, zum Beispiel darum, Zeitschaltuhren einzubauen bei stromverbrauchenden Geräten und Umwälzpumpen für die Brauchwasserversorgung, um energieeffiziente Geräte und Beleuchtung, um Sparen ohne Komfortverzicht.

Sparen als Lebensperspektive?

Das reicht nicht. Ich kann mit Sparen viel erreichen, aber wichtig sind auch Einnahmen. Einnahmen und Ausgaben müssen bilanziert werden. Wenn ich die Ausgaben reduziere, brauche ich weniger Einnahmen. Im großen heißt das: Wir müssen viel energieeffizienter wirtschaften, dann können wir den Restenergiebedarf vollständig mit regenerativen Energien abdecken. Und zweitens: Sparen ist nicht besonders „sexy". Man muß auch emotional positive Botschaften aussenden. Man muß ein Plus anbieten, ein Minus reicht nicht.

Die Phase des Energiesparens, wie lange dauerte die?

Energiesparen und Solarenergie müssen gleichzeitig entwickelt werden, das war eigentlich schon sehr bald klar. Ich habe als Architekt immer schon das Bauen auf die Sonne hin ausgerichtet. 1967 war mein Studium zu Ende, selbständig machte ich mich 1969, allein in einem Büro. Die Sonne spielte immer eine Rolle, zuerst für die Atmosphäre in den Häusern, sehr bald aber auch nach Energiegesichtspunkten. Wir haben Häuser gebaut, die sich zur Sonne hin öffnen. Der Wohnraum, die Terrassen sollen nach Süden zeigen, aber zugleich muß man Verschattung suchen, damit es nicht zu heiß wird, damit die Leute gerne in den Räumen wohnen. Für mich war das eine experimentelle Phase, das hat eigentlich niemand so richtig beachtet.

Wann kam das erste Solarhaus?

Das erste ganz konsequent in meinem Büro geplante Solarhaus wurde 1984 entwickelt. Hier haben wir zum erstenmal durch einen externen Wissenschaftler die Energiebilanz eines Hauses am Rechner simulieren lassen – und dann danach die gesamte Planung weiter optimiert.

Was ist ein Solarhaus?

Heute würde ich sagen: ein Haus, das sich energetisch selbst durch die Sonne versorgt – jedenfalls ganz überwiegend. Ich brauche drei Energiearten: erstens Heizen (oder Kühlen, was immer wichtiger wird, wenn sich das Klima erwärmt), zweitens warmes Wasser und drittens Strom für Licht und Haushaltsgeräte (und ein bißchen für die Haustechnik). Den Bedarf für aktives Heizen und Kühlen kann ein Solarhaus extrem niedrig halten. Wir haben uns zuerst um die Dämmung gekümmert, damit die Wärme nicht gleich wieder verschwindet. Dann haben wir die Häuser dichter gemacht und Südfassaden geplant mit den besten Fenstern, die schon an sich mehr Energie ins Haus bringen, als sie wieder herauslassen – und ganz wichtig: die Verschattung im Sommer.

War das bezahlbar?

Die Erfahrung, die viele in diesen Jahren gemacht haben: Je besser zum Beispiel die Technik für die Verglasung wurde im Laufe der

Jahre, desto preiswerter wurde es in der Gesamtbilanz. Wenn ich die Häuser zur Sonne hin geöffnet habe, konnte ich allein durch die Sonne sehr viel Energie gewinnen, also eine passive Nutzung. Im Winter läßt man die Sonne ins Haus, im Sommer schirmt man sie ab. Vor allem im Winter hieß das, daß man kaum noch heizen mußte, da haben sich die guten Fenster sehr, sehr schnell gerechnet. Es mußte allerdings noch mit geringen Mengen Gas oder Öl geheizt werden.

Das ist ein Mix aus verschiedenen Energien. Wie führte der Weg zum Haus mit hundert Prozent Solarenergie?

Wir können tatsächlich Häuser bauen, die sich zu hundert Prozent aus Solarenergie versorgen – und sogar noch Überschüsse produzieren. Wir haben das das „Plusenergiehaus" genannt. Der Begriff macht mehr Sinn als „Solarhaus", glaube ich. Wir könnten die Häuser auch autark machen. Allerdings behalten wir vier Dinge im Auge: Erstens müssen wir eine sehr gute Außenhülle bauen, für die Energieeffizienz. Man dämmt das Haus und vermeidet jede Ritze, damit es absolut dicht ist. Dann aber braucht man auch eine perfekte Belüftung, mit Wärmerückgewinnung, damit wir beim Lüften nicht Energie verlieren, so daß man dann doch nachheizen oder nachkühlen müßte. Also, vor der Solartechnik kommt die Effizienz. Zweitens: Die Sonne ist das Wichtigste. Aber hundert Prozent Solarenergie muß nicht unbedingt sein, auch eine andere regenerative Energiequelle wie Erdwärme kann eine Option sein. Oder Biomasse, soweit die entsprechenden Quellen lokal ohnehin anfallen, wie zum Beispiel Holzabfälle aus der Forstwirtschaft bei uns im Schwarzwald.

Also keine autarken Solarhäuser, sondern immer noch ein Energiemix, aber ein regenerativer Energiemix?

Ja, denn jetzt kommt der dritte Punkt, den wir beachten müssen: Wir haben unsere Erfahrungen gemacht, wenn wir uns sehr weit in Richtung Autarkie bewegten, zum Beispiel mit einem großen Wasserspeicher, der im Sommer und Herbst so viel Energie aufnehmen kann, daß das Haus für den Winter genug Energie hatte. Das braucht viel Platz und kostet viel, und durch das Speichern geht immer auch viel Energie verloren, das ist einfach Physik – und dann auch Ökonomie, denn man muß rechnen, ob das noch bezahlbar ist und sich lohnt. Die Ökonomen nennen das Grenznutzen. Es kann dann sogar den einen oder anderen Fall geben, wo zum Beispiel ein Mini-Blockheizkraftwerk für ein Haus oder eine Häusergruppe sozusagen als hocheffiziente Übergangstechnologie auch dann sinnvoll ist, wenn es erst einmal sogar noch mit – sehr wenig – Erdgas beheizt wird, solange wir noch nicht genug lokale Einspeisung von Biogas bereitstellen können. Jedenfalls nenne ich das eher eine Übergangstechnologie als die nur angeblich CO_2-neutrale Atomkraft. Und dann kommt auch gleich der vierte Punkt: Auch was den Solarstrom angeht, glaube ich, daß es in unseren Städten wenig Sinn macht, das Haus zu hundert Prozent autark zu machen und komplett abzukoppeln.

Und heute leben ja weltweit zum erstenmal über fünfzig Prozent der Weltbevölkerung in Städten …

Und diese Städte haben mehr oder weniger gutfunktionierende Infrastrukturen, und die baut man intelligent aus und nutzt sie. Es gibt die Stromnetze, und es ist sinnvoll, Überschüsse einzuleiten und diese dann dort zu nutzen, wo sie in dem Moment gebraucht werden. Aber es ist auch noch effizienter, über die Stromnetze in den Zeiten, in denen man Strom braucht, das Haus jedoch gerade keinen Strom produziert, über das Netz Ökostrom zu beziehen – sinnvoller, als den Strom zu speichern, denn dabei geht immer Energie verloren. Übrigens brauchen wir deswegen zugleich bessere Speicher. Es ist ganz richtig, das zu fördern, nur darf man das nicht zum Vorwand nehmen, um die hier weitgehend gesellschaftlich akzeptierte, inzwischen von über siebzig Ländern vom erfolgreichen deutschen Modell übernommene Einspeisevergütung politisch zu zerstören.

Wir bauen nur noch Plusenergiehäuser. Ich glaube, daß hier die

Zukunft des Bauens liegt: jedes Haus ein Kraftwerk. Es gibt nicht nur das Plusenergiehaus, sondern wir haben die erste Plusenergiesiedlung gebaut. Wir brauchen dann Plusenergiestädte, was eigentlich nur als Plusenergieregionen zu verwirklichen ist. Und dann geht man in die ganz große Dimension.

Das ist wieder der soziale und politische Aspekt, oder?

Das ist für den Architekten zunächst Stadtplanung, aber die muß die Region einbeziehen, Stadt und Umland. Der Verkehr muß einbezogen werden. Das Haus kann zur Tankstelle werden für die Elektromobilität, richtig gute Batterien für richtig gute Elektrofahrzeuge, das ist zum Beispiel eine sinnvolle Speichermöglichkeit und eine richtig gute Nutzung der Überschüsse aus dem Solar- oder Plusenergiehaus. Die bloße Ersetzung der Verbrennungs- durch Elektromotoren bei unserer Autoflotte ist allerdings noch längst nicht die Lösung. Übrigens habe ich noch vor dem ersten Plusenergiehaus erste Solarfahrzeuge entworfen, und ich glaube aus dieser Erfahrung heraus, daß da nicht nur technisch, sondern auch politisch noch viel passieren muß.

Wie war denn der Einfluß von außen, auch von der politischen Seite, von den Grünen, von Schlüsselfiguren wie Hermann Scheer und anderen? Wie bist du begleitet worden, welche Kontakte hattest du zu Gleichgesinnten, welche Dialoge mit anderen?

Die Deutsche Gesellschaft für Sonnenenergie gibt es schon seit 1975. Ich bin auch Mitglied bei Eurosolar seit der Gründung 1988. Dort war Hermann Scheer die wichtigste Schlüsselfigur. Wir haben die Energieagenturen, um unsere Sache auf regionaler Ebene voranzubringen. Es ist ein Kampf mit der Zeit, denn die fossilen Energien sind endlich, in zwei, drei Generationen sind die weg.

Ich meine eher das Echo auf deine Leistungen, deine mühselige Pionierarbeit. Jeder müßte doch ein Plusenergiehaus bauen wollen, auch Politiker müßten das doch bauen und fördern wollen und auf den Zug aufspringen, den du in Gang gesetzt hast …

Ja, es ist mühselig, auch heute noch. Heute wird man immerhin nicht mehr ausgelacht, was vor kurzem noch so war. „Ach, der Spinner", das war oft der Tenor. „Das funktioniert ja nur, wenn die Sonne scheint, und in Deutschland scheint die Sonne selten." Solchen Unfug höre ich manchmal heute noch.

Am deutlichsten war das auf meinem selbstfinanzierten Stand auf der Bundesgartenschau 1986 in Freiburg, wo ich Solarfahrzeuge gebaut und vorgestellt habe. In dem Jahr bin ich auch mein erstes Weltmeisterschaftsrennen mit meinem Solarmobil gefahren. Das war ein Spektakel, um auf die Möglichkeiten der Sonnenenergie aufmerksam zu machen. Da wurde ich belächelt, aber das hat auch was gebracht, allerdings hatte ich mehr Resonanz erwartet. Wenn man etwas wirklich Neues will, muß man sich vielleicht auch einmal für eine Weile die Narrenkappe aufsetzen und sich das Lächeln der anderen gefallen lassen. Wer zuletzt lacht …

Natürlich gibt es wertvolle Verbündete, auch in der Politik und in den Verbänden. Die gab es immer und gibt es heute immer mehr. Die gewinnt man aber nicht dadurch, daß man auf Allianzen schielt, sondern indem man etwas wagt und die richtigen Leute überzeugt, vor allem, wenn's gut geht.

Wie kommt man aus diesen eingefahrenen Mentalitäten heraus, und wie sehen die Aktivitäten gegenüber der starken Lobby in der Automobil-, der Atom- und der Bauindustrie aus? Kannst du bisher insgesamt von einem Erfolg sprechen?

Eindeutig ja. Immerhin haben wir die Solarsiedlung mit sechzig Plusenergiehäusern erfolgreich umsetzen können. Keiner kann mehr sagen, daß das technisch oder wirtschaftlich nicht funktioniert. Das steht da. Das wirft Gewinne ab, nicht nur Energiegewinne, sondern auch Geld, Rendite. Es macht Spaß, das den Skeptikern vorzurechnen. Inzwischen kommen Anfragen nach dem Plusenergiehaus aus der ganzen Welt. Die Presse berichtet ausführlich, weltweit und so intensiv und häufig, daß wir das kaum noch betreuen können. Kaum eine Woche vergeht ohne Fernsehteam oder Besuche von Politkern aus Europa, China, Arabien, Südamerika. In den letzten beiden Jahren hatten wir Kontakte zu etwa vierhundert interessierten deutschen Kommunen.

Haben diese Reaktionen Konsequenzen?

Ich habe lernen müssen, daß es Zeit braucht, bis der einzelne Mensch und gar die Gesellschaft ihre Gewohnheiten umstellt. Dazu kommt, die Ölindustrie ist eine der mächtigsten der Erde überhaupt, auch die Kohlewirtschaft ist stark. Die Atomlobby spricht andauernd davon, daß es ohne Atom nicht geht, und ich sehe es – zusammen mit anderen – als meine Aufgabe an, ihnen das Gegenteil zu beweisen. Ich bin sicher, es geht nur mit der Kraft der Sonne, denn diese Energie ist unbegrenzt, und auch Uran ist endlich.

Wir müssen die Leute gewinnen, die auch wirtschaftlich denken, nicht nur die Idealisten. Die Sonne schickt keine Rechnung, die Sonne scheint für jeden, und die Sonne muß nicht verteilt werden. Kein Konzern kann die Sonne kaufen. Die Sonnenstrahlen sind kostenlos, aber ich muß eine Technik bereitstellen, um die Sonnenstrahlen in Strom und nutzbare Wärme umzuwandeln. Und daß diese Form wirtschaftlicher ist als fossile und atomare Energien, das gilt es zu beweisen. Und das können wir.

Es scheint, daß wir nebenbei noch beweisen werden, daß die dezentrale Gewinnung von Sonnenenergie, die zwar mittelfristig das „intelligent grid" braucht, aber keine wirklich gigantischen Infrastrukturinvestitionen wie „Desertec", nicht nur die kostengünstigere Variante ist, sondern daß ein Modell von intensiver, eng vernetzter, dezentraler, überschaubarer, regionaler Plusenergie viel attraktiver sein wird auch für die Mobilisierung der einzelnen Menschen. „Regiotec" oder „Desertec" – wo würdest du denn lieber dein Kapital hineingeben für deine Alterssicherung? In die Sahara oder in ein durchschaubares, schneller und preisgünstiger realisierbares Projekt vor deiner Haustür, bei dem die Rendite zwar vielleicht keine Himmelssprünge macht, aber solide und sicher ist und außerdem ökologisch und ethisch sauber? Dort, wo du die Institutionen und die Leute kennst, die das betreiben?

Muß man die Leute kennen? Und bist du selbst eine Art Vorbild? Du lebst jedenfalls selbst im ersten Plusenergiehaus der Welt, das du 1994 gebaut hast. Du versuchst möglichst nicht zu fliegen, obwohl du weltweit eingeladen wirst, um deine Projekte zu präsentieren. Ist es, wenn du solche Häuser baust, notwendig, auch vorbildlich zu leben?

Eine Bemerkung noch zum Feedback zu meinen Plusenergiehäusern. „Für mich ist es ein Glücksgefühl, unter der Dusche zu stehen, und ich weiß, das Wasser kommt durch die Wärmeenergie der Sonne und nicht durch fossile Energie" – das ist eine Reaktion eines Bewohners. Eine andere Reaktion ist die Freude, mit der der Bewohner auf die Plusenergiezahlen seines Solarstromzählers schaut.

Können wir zur Vorbildfunktion zurückkommen?

Ich gebe zu, ich lerne noch. Es fällt mir zum Beispiel schwer, mein Auto überhaupt nicht mehr zu benutzen, obwohl es nicht nur in Freiburg umständlicher zu benutzen ist als das Fahrrad, wegen des Parkplatzproblems. Bei meiner Solarsiedlung habe ich dem Rechnung getragen und mich nicht nur nach den Autofahrern gerichtet, sondern auch nach den Bedürfnissen der spielenden Kinder, Fußgänger und Fahrradfahrer. Es ist anfangs eine Überwindung, zugegeben, aber ich benutze jetzt fast ausschließlich das Fahrrad, auch aus gesundheitlichen Gründen, um mich fit zu halten.

Glaubst du, daß das Fahrrad eine Chance hat gegenüber dem Auto? Ein oft gehörtes Argument der Autofahrer lautet: Ich lebe auf dem Land, ich bin auf ein Auto angewiesen. Und dann das Argument der Wirtschaft: Jeder siebte ist abhängig von der Autobranche.

Das ist nicht nur eine Sache des Fahrrades. Man braucht das Auto, weil es das Auto gibt. Wenn es weniger Autos gäbe, gäbe es einen besseren öffentlichen Nahverkehr, den wir ja früher hatten. Das Auto schränkt die Lebensqualität ein, ist gefährlich, laut, stinkt und so weiter. Außerdem ist das Auto das teuerste Verkehrsmittel, das es gibt. Monatsersparnis ohne Auto: etwa vierhundert Euro. Und dem „Argument der Wirtschaft" halte ich entgegen: Die Wertschöpfung bei Porsche beträgt im eigenen Land ganze achtzehn Prozent. Der Rest entfällt auf Billiglohnländer.

Dem Argument, man müsse ja zum Arbeiten und Einkaufen pendeln, kann man als Stadtplaner nur entgegnen: Wir brauchen eine Stadt- und Regionalplanung der kurzen Wege zwischen Wohnen, Arbeiten, Konsum und Freizeit – keine ganz neue Forderung, aber unter Aspekten der Energieeffizienz wieder ganz aktuell.

Wie könnte die Zukunft des Autos aussehen?

Ich stelle mir Solarmobile vor, die an bevorzugten Plätzen stehen, mit denen jeder fahren kann, eine Fortsetzung des Car-Sharing. Die Städte müssen Parkplätze für diese Solarautos bereitstellen, die mit einer Checkkarte oder dem Handy benutzt werden können, ganz einfach. Das ist insgesamt ein viel preiswerteres Modell als das herkömmliche Auto, und wir können Parkplätze und Straßen rückbauen, das gibt Platz für Fußgänger, Radfahrer und Grünflächen.

Wer denkt über das Modell nach? Und wird es umgesetzt?

In Ulm zum Beispiel gibt es ein Modellvorhaben, Smarts bereitzustellen, ungefähr dreihundert Wagen. Es ist unglaublich wichtig, daß so etwas versucht wird. Die technischen Möglichkeiten sind da. Daß es fast zwangsläufig für den einzelnen billiger wird, liegt ebenfalls auf der Hand. Und man stelle sich vor: kein Motorenlärm, keine Abgase, kein Dreck. Wie lebt es sich in solchen Städten und Wohnquartieren? Bei Gesamtkonzepten für Elektromobilität ist es genauso wie bei den Plusenergiehäusern: Beides wird kommen.

Die Zeit rennt, wir laufen in eine Klimakatastrophe. Die klugen Ökonomen und Ingenieure in der Bauindustrie, der Automobilindustrie, der Energieindustrie wissen im Grunde, wo die Zukunftsmusik spielt und was das Auslaufmodell ist. Die Dinge kommen in Bewegung, hoffentlich schnell genug. Manchmal gibt es ja wirklich rapide Beschleunigungen. Handys setzten sich sehr schnell durch, Email, Internet. Ich glaube und hoffe, daß sich anderes auch schnell durchsetzen wird. Allerdings haben wir im Energiebereich zum

Beispiel in Deutschland vier große Anbieter, die mit der Politik so verfilzt sind, daß die noch lange ihr dickes Geld mit herkömmlicher Energie machen. Die spielen auf Zeit, wollen keine Veränderung. Die Frage ist: Wie lange läßt sich die Gesellschaft diese „Besatzungspolitik" noch gefallen?

Warum halten in der Wirtschaft und in der Politik trotz allem so viele am Status quo fest?

Es gibt eine Menge Egoismus und Dummheit in der Welt.

Warum werden Soldaten in den Krieg geschickt? Wegen der fossilen Ressourcen? Wenn die Sonne umsonst zu haben ist, warum sterben Zivilisten und Soldaten? Verkürzt gesagt: Sind die alle zu blöd?

Ich glaube, daß das mit Machterhalt, mit dem Aneignung und Sicherstellen der derzeit noch wichtigen fossilen Ressourcen zu tun hat. Andererseits vermute ich, daß clevere Leute in strategischen Denk- und Arbeitsgruppen, in Forschungs- und Entwicklungsabteilungen, in führenden Ingenieurbüros zunehmend an die Zukunftsthemen gesetzt werden, nicht an die Weiterverwaltung der demnächst verlorenen Posten. Diese Zukunftsthemen kommen längst von den Bürgern, aber sie müssen, glaube ich, viel stärker auch aus der Wirtschaft kommen, aus den innovativen Teilen der Wirtschaft, damit die Politik auf allen Ebenen, lokal wie global, das machen kann, was auf der Hand liegt.

Und was diese Kriege angeht: Jemand sollte mal, ähnlich, wie Sir Nicholas Stern das für die wirtschaftlichen Folgen des Klimawandels getan hat, berechnen, rein wirtschaftlich, wieviel mehr wir kurz- und mittelfristig gesamtwirtschaftlich gewinnen, wenn alle Investitionen in sämtliche offenen und niedergehaltenen Konflikte in den Öl- und Gas-Staaten statt dessen in die Förderung der regionalen und nationalen und weltwirtschaftlichen Unabhängigkeit von diesen Staaten fließen würden, die durch regenerative Energien erreichbar wäre.

So einfach ist das? Warum wird es dann nicht sofort geändert? Warum bauen wir nicht nur noch Häuser als Kraftwerke?

Manche Dinge sind tatsächlich einfach zu durchschauen. Manche Dinge sind tatsächlich auch einfach zu ändern. Das Gerede von Komplexität ist oft bloß vorgeschoben. Aber zugegeben, es gibt auch nachvollziehbare Gründe – obwohl ich mit diesen Gründen nicht einverstanden bin. Nehmen wir eine Baufirma, die im Jahr ihre 1.000 Häuser baut. Jetzt soll die plötzlich im Bauen und im Vertrieb ihren Ansatz ändern, während sie mit einem Dutzend anderer Firmen in der Wirtschaftskrise um die niedrigsten Baukosten konkurriert. Und dafür muß sie in neues Know-how investieren. Warum sollte sie, wenn sie auch ohne diese einschneidenden Investitionen business as usual betreiben kann und Gewinne erwirtschaftet – oder sogar scheinbar nur dann, wenn sie es nicht tut?

Die Sache ist nur die, daß die Nebenkosten bei einer schlechten Gebäudehülle und einer herkömmlichen Energieversorgung rapide steigen werden und die entsprechenden Gebäude binnen kurzem dann auch an Wert verlieren. Also werden diejenigen Baufirmen überleben, die rechtzeitig in die Zukunft investieren. Die anderen gehen den Weg der Dinosaurier. Wir können nur hoffen, daß das schnell genug passiert. Und wir können das forcieren, indem wir mit neuen Leuchtturmprojekten weiter die technische und wirtschaftliche Machbarkeit vorführen, indem wir jetzt mit dem Plusenergiehaus in die Breite des Marktes gehen mit attraktiven Konzepten – und indem wir weltweit Plusenergieprojekte umsetzen.

Dann ist aber doch die entscheidende Frage: Kann ich mir ein Plusenergiehaus leisten?

Wir sind so weit, daß ich mit dem Plusenergiehaus von Anfang an mehr Geld in der Tasche habe. Die Finanzierungskosten sind etwas höher als bei konventionellen Häusern. Die Gewinne durch die Energieeinnahmen und Energieeinsparungen sind aber nicht nur langfristig höher, sondern sogar bei einer 100-Prozent-Finanzierung vom ersten Tag an. Wir sind mit einer Reihe von kommunalen und kommerziellen Bauträgern, Projektentwicklern, Investoren im Gespräch, für ganz unterschiedliche Projekte und Marktsegmente, auch in ganz unterschiedlichen Regionen und Ländern. In all diesen Konstellationen geht es darum, daß das Plusenergiehaus für alle attraktiv gemacht wird, vom Luxushotel bis zum Sozialwohnungsbau. Das ist möglich. Jetzt und heute. Mit den richtigen Partnern. Das ist eine Win-Win-Win-Situation für den Bewohner, den Investor, den Hersteller und Unternehmer, aber auch für die Bank, die das bessere Haus mit einem geringfügig höheren Kredit finanziert. Beim Kreditnehmer kann sie niedrige Ausgaben und höhere Einnahmen ansetzen und eine höhere Wertstabilität und Sicherheit beim finanzierten Objekt – das genaue Gegenteil also von den undurchsichtigen Baufinanzierungsgeschäften in den USA, die die weltweite Finanzkrise losgetreten haben.

Gesamtgesellschaftlich gesehen bleibt das Geld in der Region und geht nicht zu Gazprom oder in die Ölstaaten. Umstellung von Neubau und Sanierung auf Plusenergie wäre ein Förderprogramm für die Regionen, das durch keine steuerpolitische Maßnahme zu übertreffen wäre.

Ich habe mir deine Plusenergiehäuser angesehen und bin überzeugt: Für mich müßtest du der reichste Mann in Deutschland sein.

Schopenhauer hat einmal gesagt: Jedes Problem durchläuft bis zu seiner Anerkennung drei Stufen: Auf der ersten erscheint es lächerlich, auf der zweiten wird es bekämpft, und auf der dritten gilt es als selbstverständlich. Lächeln tun nur noch wenige. In der zweiten Phase sind viele gegen dich, besonders die mächtigen Wirtschaftskreise. Aber auch Phase drei ist nicht unproblematisch, denn wenn es wirklich ein Geschäft zu werden beginnt, dann kommen die, die es angeblich immer schon gewußt haben, und machen Geschäfte – aber kaum auf dem technischen und sozialen und ideellen Niveau, die die Innovation tatsächlich hat. Was Schopenhauer nicht berücksichtigt hat, ist, wie schwierig auch die dritte Phase wirtschaftlich sein kann. Und was er gar nicht berücksichtigt hat, das sind die Blender.

Ich will auch nicht der reichste Mann Deutschlands sein, das interessiert mich nicht. Mich interessiert, die architektonischen, städtebaulichen, sozialen, kulturellen, politischen Möglichkeiten weiter auszureizen. Wir sind noch längst nicht am Ende, es geht noch viel besser. Zum Beispiel haben wir wissenschaftlich feststellen lassen, wieviel Energieüberschuß die Solarsiedlung in Freiburg tatsächlich erzeugt. Wir sind da, um einmal eine Zahl zu nennen, bei 36 kWh pro Quadratmeter und Jahr in Primärenergie. Klingt kompliziert, aber für zehn Jahre Solarsiedlung heißt das, daß gegenüber dem, was üblicherweise gebaut wird, über zwei Millionen Liter Öl eingespart werden. Und wir feiern dieses Jahr das Zehnjährige. Aber mit neuen, optimierten Hauskonzepten und Siedlungsplanungen können wir dreimal, vielleicht sogar sechsmal soviel schaffen.

Erlebst du denn schon die dritte Phase: daß die Wirtschaft aufspringt und den Laden übernimmt? Werden deine Ideen Allgemeingut?

Davon bin ich überzeugt. Es gibt ein EU-Gesetz, daß ab 2019 jeder Neubau mindestens seinen Energieverbrauch erzeugen muß. Das heißt, daß ab 2019 von Grönland bis Gibraltar nur noch Plusenergiehäuser gebaut werden. Ist das nicht toll? Das Gesetz könnte von mir sein. Jetzt brauchen wir nur für die Sanierung noch ein entsprechendes Gesetz. So. Und jetzt wird man ganz genau beobachten können, was die Bauwirtschaft macht – ob sie tatsächlich aufspringt und sich an die Spitze einer weltweiten Entwicklung setzt, die so oder so kommt, oder ob sie von Land zu Land durch ihre Lobby die Umsetzung in nationale Gesetzgebung verhindert. Zum Glück gibt es in Deutschland neben Eurosolar und dem Bundesverband Erneuerbare Energien inzwischen Institutionen wie die Deutsche Gesellschaft für Nachhaltiges Bauen. Das ist auch ein Teil der Lobby.

Ich frage noch einmal nach. Du willst, daß die Bauwirtschaft, ja daß die Wirtschaft insgesamt umschwenkt. Und du bist dennoch so skeptisch wegen des Kapitals, das den Laden übernimmt? Das klingt zwiespältig.

Es gibt keinen Zwiespalt. Manche Sachen sind ganz einfach. Es ist tatsächlich eine entscheidende Frage, wohin das Kapital fließt. Für den Umbau unserer Wirtschaftsgesellschaften auf der ganzen Welt ist es entscheidend, daß zunehmend große Anteile des Kapitals in die zukunftsträchtigen Branchen umgeleitet werden.

Das ist zunächst einmal gar nichts Neues, sondern es liegt doch auf der Hand, daß entweder die agilen Akteure gewinnen und dabei das System verändern – oder aber das System kollabiert. Neu ist allerdings dieses Mal, daß im Zweifelsfall das System kollabiert, weil die Umwelt kollabiert. Und das wissen wir, und so vernünftig wird man sein, das nicht geschehen zu lassen.

Neu ist noch nicht einmal, daß wir vor einer Menschheitsherausforderung stehen, die durch einen Sprung in der Kultur bewältigt werden muß. Neu ist auch nicht das Versprechen der fortschrittlichen Ökonomen, daß das Gemeinwohl liberal oder kollektiv durch Eigennutz oder Beteiligung der Menschen gewahrt werden muß. Aber vielleicht ist das dieses Mal mit relativ großen Chancen tatsächlich einzulösen, mit einer komplett neuen Energieversorgung und den sozialen Umverteilungen, die das geradezu aufdrängt. Und so vernünftig wird man doch wohl sein, diese Chance wahrzunehmen.

Daß es im Übergang schwierig ist, ist doch klar. Daß ein Teil des Geldes sozusagen wie neuer Wein in alte Schläuche gefüllt wird, die dann platzen, das sind Übergangsphänomene. Daß die Blender lauter sind als die alte Garde, die Avantgarde der Innovateure, das ist unvermeidlich. Daß mancher Vorreiter nicht weiß, ob er in zehn, zwanzig Jahren von den cleveren, vielleicht sogar besseren Kopisten überholt ist – das spielt keine Rolle.

Das klingt gerade so, als könne man mit Plusenergiehäusern die Welt retten.

Ja. (*Lacht.*) Das kann man. Komme ich mit wirtschaftlichen Argumenten, stehen Türen und Tore offen. Der gesellschaftliche Nutzen und die Moral gehen gut zusammen. Ich darf nur oft nicht sagen, daß man damit tatsächlich die Welt rettet. Sonst sagt irgend jemand im Bauausschuß einer kleinen Gemeinde, die aus wirtschaftlichen Gründen eigentlich für eine Plusenergiesiedlung ist: „Der Disch kann doch nicht hier bei uns im Dorf die Welt retten." Und mit genau diesem Satz ist dann vielleicht das ganze Vorhaben zum Teufel.

Das mußt du erklären!

Ich habe das schon erklärt, aber ich fasse das noch einmal zusammen, wenn du willst.

Das eine ist: Das Plusenergiehaus hat Symbolkraft, Strahlkraft, es hat etwas Anziehendes, glaube ich. Wir verbrauchen hier kaum noch Energie, und wir produzieren stattdessen Energie im Überschuß. Und das erzeugt trotzdem keinen irgendwie eingeschränkten, sondern, im Gegenteil, einen reicheren, gesünderen, schöneren – wenn man so will: sonnigeren Lebensstil.

Das zweite ist: Wo doch mit dem Bauen und Wohnen in Ländern wie Deutschland eigentlich mehr als die Hälfte des Verbrauchs, also mehr als die Hälfte des Problems erzeugt wird, drehen wir den Spieß und die Bilanzen um – und das nicht als Experiment, sondern marktreif, jetzt und hier und heute und gleich. Und daß es für den einzelnen wirtschaftlich ist, habe ich ja auch erklärt. Wer Teil der Lösung ist, ist nicht mehr Teil des Problems. Der Satz stimmt halt immer noch. Es macht einfach Spaß.

Das dritte ist: Ich habe oben gesagt, daß die Bauwirtschaft vielleicht eine Schlüsselrolle einnehmen kann. Auf badisch gesagt: Sie wäre mit dem Klammerbeutel gepudert, wenn sie das nicht täte. Warum? Nehmen wir die drei im Moment entscheidenden Segmente mit Innovationspotential: Die Energiewirtschaft produziert Energie, mehr oder eher weniger nachhaltig. Die Automobilindustrie wirft Fahrzeuge auf den Markt, die mehr oder eher weniger effizient Energie verbrauchen. Die Bauindustrie hat die Chance, ihre Produkte mit Hilfe der Sonne sozusagen zum Perpetuum immobile zu machen. Autobauer und Energieproduzenten stehen unter gesellschaftlichem Druck. Und wir stehen in der Mitte und haben im Moment – mit dem Plusenergiehaus – die besten Karten.

Das heißt?

Wir haben potentiell die besten Einsparungen bei der Energieeffizienz und zugleich potentiell die besten Möglichkeiten zum Einsatz von Solarenergie. Das haben wir längst durchdekliniert. Bei uns ist alles da. Die Erzeuger von regenerativer Energie sind im Moment noch fast komplett auf unserer Seite. Die Energieversorger von den multinationalen Konzernen bis zu den kommunal restverwalteten Stadtwerken müssen reagieren, mit „smart grids" – oder mit einer gesellschaftlich, politisch und technisch inzwischen chancenlosen Verweigerung –, mit einer Umstellung vom Verkauf von möglichst viel konventionell erzeugter Energie hin zu Dienstleistungen, die zugleich den Verkauf und die Einsparung ihres Produktes sichern. Das geht nur zusammen mit denen, die die Häuser bauen und sanieren. Wir stehen bereit mit architektonischen, stadtplanerischen, energetischen Konzepten.

Und was hat das mit den Autobauern zu tun?

Das ist noch nicht ausgemacht. Aber alles deutet auf eine zunehmende Elektrifizierung des Verkehrs hin. Wo soll die Energie herkommen? Sicher nicht aus zusätzlichen Kohle- und Atomkraftwerken, auch das ist politisch nicht mehr durchsetzbar. Bundesminister Ramsauer, der zum Glück für Verkehr und Stadtentwicklung, für Tief- und Hochbau im großen Stil zugleich zuständig ist, hat jedenfalls die Devise ausgegeben, daß er das Hausdach als zukünftige Tankstelle betrachtet, und zwar anläßlich der Eröffnung eines Plusenergiestudienobjekts. Und ohne innovative Plusenergiestadtplanung ist das Elektroauto eine Totgeburt, was dir jeder strategische Denker bei Daimler oder Peugeot bestätigen wird, wenn er so reden darf, wie er wirklich denkt. Aber das ist ein weites Feld. (73)

Rolf Disch wirbt für die „Stromrebellen" in Schonach im Schwarzwald. Die private Initiative versorgt inzwischen rund 75.000 Kunden in der gesamten Bundesrepublik mit Wind- und Solarenergie. Solche Initiativen, deren Gewinne in neue Energieprojekte fließen, sind Ausdruck einer dezentralisierten Energieversorgung. (74)

F. Jürgen Großmann – Der Mann von gestern
Rolf Disch spricht indirekt über Jürgen Großmann, den Chef des Stromkonzerns RWE. Welchen Einfluß der begüterte „Vieltelefonierer" *(Spiegel)* mit direktem Draht zu Angelika Merkel hat, läßt sich allein schon an all den Posten ablesen, die der Mann bekleidet. Er ist Aufsichtsrat oder Beirat in folgenden Unternehmen (Auswahl): Deutsche Bahn, Volkswagen, MTU Friedrichshafen, Surteco SE, ARDEX, British American Tobacco, RAG Trading, RGM Holding, Messer Group, Hannover Acceptances.

Jürgen Großmann ist Mitglied im IISI Board of Directors and Executive Committee, Mitglied der Atlantik-Brücke, Mitglied im Tönissteiner Kreis, im American Council on Germany und in der Deutsch-Britischen Gesellschaft. Vom World Economic Forum Genf/Davos wurde er zum „Global Leader for Tomorrow" ernannt. Die Atlantik-Brücke zeichnete ihn 2007 mit dem Vernon A. Walters Award für seine Verdienste um die deutsch-amerikanische Freundschaft aus.

Jürgen Großmann ist Ehrensenatsmitglied der German International Graduate School of Management (GISMA) in Hannover. Neben seinem Titel als Dr.-Ing. führt er den Ehrendoktor der Purdue University, Indiana, USA. Er ist Träger des Niedersachsenpreises und des Bundesverdienstkreuzes 1. Klasse. 1997 wurde Großmann für seinen Einsatz für den Stahlstandort Georgsmarienhütte mit dem Courage-Preis ausgezeichnet.

2010 erhielt er vom Naturschutzbund Deutschland den Negativpreis Dinosaurier des Jahres verliehen – für seine Lobbyarbeit und Beeinflussung der Bundesregierung hinsichtlich der Laufzeitverlängerung der Atomkraftwerke. (Wikipedia) „Die von der Bundesregierung beschlossene Verlängerung der AKW-Laufzeiten schanzt den vier größten Atomkonzernen (RWE, EON, Vattenfall, EENBW) zusätzliche Milliardengewinne zu – je nach Berechnung insgesamt bis zu 68.000.000.000 Euro" (75)

Der GAU in den Atomkraftwerken in Fukushima löste in der Bevölkerung, aber auch in den Medien ein Umdenken aus. Die Kanzlerin reagierte, ihr folgten zahlreiche Bundespolitiker, die sich bis dahin bedingungslos für die unbegrenzte Nutzung der Kernenergie ausgesprochen hatten. Die Laufzeiten sind seither bis zum Jahr 2022 beschränkt. Dann sollen alle Atommeiler in Deutschland stillgelegt sein.

Noch im März 2010 hatte die *Frankfurter Allgemeine Zeitung* unter dem Titel „Stahl, Strom, starke Nerven" (76) einen Hofbericht über Jürgen Großmann lanciert: „Geld hat Großmann längst genug, mit unternehmerischem Wagemut, richtigen Entscheidungen, guten Verbindungen und etwas Glück ist er reich geworden." (77)

Der Unternehmer lenkt seine Firmengruppe „aus einer Residenz an der Elbchaussee und führt in Essen Deutschlands größten Stromproduzenten". In der Rubrik „Ich über mich" bekennt Großmann: „Die Zeit vergesse ich …, wenn ich am Computer Mahjong oder Heart spiele, behauptet jedenfalls meine Frau. Wer es in meinem Geschäft zu etwas bringen will …, der muß neben den Finanzmärkten auch die Gefühle der Menschen einbeziehen. Erfolge feiere ich … hoffentlich bald wieder mit einer guten Flasche Bordeaux. Es bringt mich auf die Palme …, wenn Sachen nicht schnell genug gehen, wenn die Leute sich als Reichsbedenkenträger entwickeln."

Warum Skepsis geboten ist, an das Ende der Atomstromproduktion im Jahr 2022 zu glauben, erfährt man von Christoph von Lieven, einem Energieexperten von Greenpeace: „Der Regierungsbeschluß zum Atomausstieg ist unvollständig, und die AKWs sind noch nicht abgeschaltet. Selbst wenn 2022 alle Atomkraftwerke vom Netz genommen worden sein sollten, was mindestens bis dahin ja nicht unumkehrbar ist, gibt es Atommüllzwischenlager, und es müßten Endlager gefunden werden. Atomkraft gibt es außerdem nicht nur in Deutschland, sondern weltweit." (78)

Positive Effekte auf die Zivilgesellschaft sah hingegen Claus Leggewie einige Tage vor der großen Demonstration 2010 in Berlin gegen die geplante Laufzeitverlängerung. Im Protest gegen die Politik der „Atom-Kanzlerin" erblickte er eine Möglichkeit, aus der Ökonische herauszukommen: „Umweltpolitik und Klimaschutz mangelt es nicht an ‚positiven' Zielen. Das zu schützende kollektive Gut ist aber weniger die Natur oder die Schöpfung, es ist die ebenso bedrohte Freiheit des einzelnen und der Republik. Die Energiewende bietet der Bürgergesellschaft Chancen zur Entfaltung, wie sie seit den Ursprüngen der Moderne und den Gründerjahren der industriellen Revolution nicht mehr bestanden." (79)

G. Michael Braungart – Cradle to Cradle
In der Nähe des Berliner Kollwitzplatzes steht auf einem Bürgersteig ein Baumtorso mit Einschnitten, in denen Bücher liegen, Sachbücher, belletristische Titel, dicke, gebundene 1.000-Seiten-Werke neben schmalen Taschenbüchern. Eine kleine Infotafel erklärt das Prinzip der Installation: Die Bücher sind für alle da und kostenlos. Jeder kann so viele Bücher mit nach Hause nehmen, wie er möchte. Es wird gern gesehen, wenn man im Gegenzug eigene Bücher mitbringt.

Das Rotationssystem funktioniert schon einige Jahre und erinnert mich an die Arbeit von Michael Braungart. Der Kern seines Modells besteht im Recycling von schadstofffreien Produkten. (80)

Seine These lautet: Wir sollten nicht weniger verbrauchen, sondern mehr, nicht weniger schlecht, sondern mehr intelligent produzieren, in technischen und biologischen Kreisläufen. Zukünftig sollte es nur noch zwei Arten von Produkten geben: Verbrauchsgüter, die wir bedenkenlos wegwerfen können, da sie biologisch abbaubar sind, und Gebrauchsgüter, die sich ohne Qualitätsverluste – also anders als bei bisherigen Recyclingverfahren – endlos wiederverwerten lassen. Diese Endlosverwertung nennt er „cradle to cradle", von der Wiege zur Wiege:

„Es braucht eine industrielle Re-Evolution, um die Umweltzerstörung, die mit diesem Lebenswandel einhergeht, zu stoppen. Das heißt, daß Verbrauchsgüter so umweltfreundlich hergestellt werden sollten, daß man sie bedenkenlos in den Kompost werfen kann. Gebrauchsgüter hingegen sollten so produziert werden, daß sie nach der Benutzung wieder und wieder recycelt werden, daß ihre technischen Nährstoffe wieder in Produktionskreisläufe zurückgeführt werden können, ohne an Materialwert oder Intelligenz zu verlieren." (81)

H. Einspruch von Joseph Huber

Das Gespräch mit Joseph Huber ist für mich von besonderem Interesse, da sich Huber seit Jahren mit ähnlichen Themen wie Michael Braungart auseinandersetzt. (82) Ich bin neugierig, wie er meine These – „Genußvoll verzichten" – in Zusammenhänge einordnet und bewertet.

Braungart verfolgt ökoeffiziente Ziele. Es geht ihm um industrielle Symbiose oder auch Verbundindustrie. Das ist eigentlich eine uralte Idee. „Closing the circle" nannte man das, und das war schon in den siebziger Jahren unter Hunderten von Autoren Konsens. Die Verbundproduktion stammt aus der chemischen Industrie. Kein Stoff soll verlorengehen.

Braungart und andere haben erkannt, daß man, wenn man Stoffe recycelt, darauf achten muß, was man recycelt. Mischmetalle kann man einmal recyceln, vielleicht zweimal, dann ist Schluß. Belastete, giftige Stoffe sind nicht recycelbar. Die Produkte müssen so gestaltet werden, daß sie, ohne Schäden zu verursachen, wiederverwertet werden können. Cradle to cradle meint somit nichts anderes, als den Produktionskreislauf zu schließen. Aus der Sicht eines Ingenieurs wird damit die Umlaufeffizienz gesteigert.

An die Stelle fossiler Energien müssen neue treten. Solarenergie ist die Antwort. „Die Sonne schickt keine Rechnung", sagt Rolf Disch treffend.

Klar ist: Die industrielle Revolution im Sinne der Ökoeffizienz-steigerung bedeutet die Fortsetzung des herkömmlichen Wachstumsmodells. Das kapitalistische System ist immens anpassungsfähig. Es kann auch die immer wiederkehrenden idealistischen oder neoromantischen Schübe verwerten. Es braucht sie sogar – als Korrektiv.

Im Kontext von „Genußvoll verzichten" muß man auf die Debatte über Nachhaltigkeit zu sprechen kommen. Und: „Genußvoll verzichten" ist eine „Suffizienzstrategie". In diesem Zusammenhang hat der Soziologe Wolfgang Sachs in seinem „Neuen Wohlstandsmodell" vor etwa zehn Jahren die sogenannten vier Es formuliert: Entschleunigung, Entschlackung, Einfachheit, Entscheidung.

Solche Ideen zirkulieren seit der amerikanischen Landkommunenbewegung: Wir ziehen uns in die Natur zurück und genießen das Leben auf einfachste Weise. Das war immer eine Mischung aus Naturverbundenheit und dem Versuch, sich auf die wesentlichen Dinge zu konzentrieren: gut essen und trinken, freie Liebe, demokratische Erneuerung von unten, weg mit den verknöcherten Institutionen, direkte Aktion, oft verbunden mit einem stark libertären Element. Das sind Bewegungen, die immer wieder in neuen Formen auftreten und Begleiterscheinungen der industriellen Entwicklung sind. Auch Claus Leggewie und Harald Welzer knüpfen an sie an.

Eine Verschärfung der gesamtgesellschaftlichen Situation durch das Auseinandergehen der Schere zwischen Arm und Reich befürchtet Joseph Huber nicht. Die Wohlstandsdifferenz zwischen den Schichten sei zwar weltweit größer geworden, aber sie sei laut Huber nicht bedenklich, weil – absolut betrachtet – der Prozentsatz der Menschen, die am Tag mit weniger als einem Dollar auskommen müssen, rasant zurückgehe. Auf der ganzen Welt verzeichne

man Entwicklungserfolge, mit Ausnahme einiger „Failed States"
und einiger Länder in Afrika und Südostasien, die wirtschaftlich
noch nicht den Anschluß gefunden haben. Zwei Drittel der
Menschheit lebten heute in industriellen Schwellenländern oder
Industrieländern.

Huber ist sich sicher, daß im Verlauf von ein, zwei Generationen
die Bilder von den Ärmsten verschwunden sein werden. Diese Art
nackter Armut werde es nicht mehr geben. Die Produktivität werde
ein Niveau erreicht haben, das allen Menschen das gewähre, was
wir unter soziokulturellem Minimum verstehen. Auch in Ländern
wie China, Indien und Brasilien werde sich der Sozialstaat in einigen Jahrzehnten so entwickelt haben, daß er mit unserem vergleich-
bar sei.

Soviel, so Huber weiter, sei nicht zu bestreiten: Die Welt entwickelt sich, sie entwickelt sich nach kapitalistischen Maßgaben, es
findet Ausbeutung statt, aber die Welt entwickelt sich. Natürlich
entstehen aufs neue Krisen, aber nach einer Phase der Erholung
geht es weiter.

Zeiten der Krise sind mit sozialen Kämpfen verbunden. Leihar-
beit zum Beispiel müsse scharf kritisiert werden. Aber das Thema
„Genußvoll verzichten" verbinde nichts mit sozialen Kämpfen, mit
Klassenkampf oder gar Revolution. Es handele sich eher um eine
Frage der Kultur- und Geistesentwicklung. Einfach gesagt: Die
Menge ist nicht alles, die Qualität ist es. Es kommt nicht auf das
schiere Quantum des Reichtums an, sondern auf den Stil, die Art
und Weise, wie man ihn genießt. Zum Stil gehört eben auch, daß
man sich auf das Wesentliche konzentriert, daß man sich bescheidet.

Die Ironie der Geschichte wird laut Huber sein, daß man den
Solararchitekten Rolf Disch in einigen Jahren als einen jener Pionie-
re betrachten wird, die dafür gesorgt haben, daß die Solartechnik
trotz der entsetzlichen Trägheit und der Widerstände der altindu-
striellen Welt ihren Durchbruch feiern konnte. Disch wird dazu
beigetragen haben, daß die superindustrielle Entwicklung voran-

schreitet und gewährleistet ist, daß wir Energie auf Giga- und Ter-ralevel verfügbar haben. (83)

Die gigantische Kapitalakkumulation und das Wachstum werden sich fortsetzen – auf der Grundlage der neuen Supertechniken. Das führe allerdings nicht automatisch zu einem anderen Lebensstil. Der Umgang mit Energie werde für die modernen Gesellschaften eine Überlebensfrage sein.

I. Harald Welzer

Der Soziologe Harald Welzer spricht in seinen Überlegungen zu Klimakonflikten und Klimakriegen von sozialen und politischen Sprengsätzen. Er sieht jedoch auch Möglichkeiten gesellschaftlichen Fortschritts: „Die Übersetzung des Klimaproblems in eine kulturelle Frage und das Ausscheren aus der fatalen, oft tödlichen Logik der Sachzwänge bedeutet eine qualitative Entwicklungschance, besonders dann, wenn die Lage so krisenhaft ist wie im Augenblick." (84)

Die Individualisierung der Klimaproblematik (Mülltrennung, Geschirrspüler erst anstellen, wenn er voll ist, et cetera) bezeichnet Welzer als gutgemeinten Ansatz, weist aber auch auf die „groteske Relation zur Dimensionierung des Problems" hin. Doch was tun, wenn man etwas tun möchte? In den Spiegel schauen?

Welzer nennt diesen Blick den Blick einer „soziopathischen Person", „die nicht das mindeste Problem damit hat, das 70fache aller anderen Personen zu verdienen und trotzdem in erheblichem Umfang deren Rohstoffe zu konsumieren, die deshalb das 15fache an Energie, Wasser und Nahrungsmitteln verbraucht und im Vergleich zu weniger begünstigten Personen das 9fache an Schadstoffen wieder an die Umwelt abgibt. Diese soziopathische Person ist darüber hinaus kategorisch uninteressiert an den Lebensbedingungen ihrer Kinder und Enkel und nimmt bei alldem in Kauf, daß wegen ihm und seinesgleichen weltweit 852 Millionen Menschen Hunger leiden und über 20 Millionen auf der Flucht sind." (85)

Dieser „Schmarotzer", der sofort in die Schranken gewiesen werden müßte, unterliegt als gesellschaftlicher Akteur keinen moralischen Urteilen, „weil hier lediglich Repräsentanten von Staaten, Institutionen, Verbänden und Unternehmen Handlungsgefüge gestalten, die sich von ihren Handlungen jederzeit subjektiv distanzieren können". (86)

Ein treffendes Beispiel in diesem Zusammenhang ist die Verseuchung des Golfs von Mexiko im Sommer 2010 durch die Explosion einer Ölplattform von BP. Hinterher wurden die beinahe mafiosen Verquickungen zwischen Wissenschaftlern, die die Bohrungen abgesegnet hatten, lokalen Politikern, die hohe Vergütungen eingestrichen hatten, und einem Staat, der reichlich Steuern kassierte, deutlich. Flankierende Medien kehrten die Angelegenheit zunächst unter den Teppich.

BP mußte eine hohe Schadensersatzsumme zahlen und entließ den ersten Vorsitzenden des Vorstands. Ein Verbot weiterer Bohrungen in problematischen Tiefen mit schwer einschätzbaren Bodenverhältnissen wurde nicht verhängt. (87)

Welzer führt mehrere Beispiele an, wie man aus der „tödlichen Logik der Sachzwänge ausscheren" kann. Drei von ihnen sind:

1. Norwegen investiert die Gewinne aus den Offshore-Ölvorkommen unter anderem in eine klimaschonende Energiegewinnung mit kombinierten Wind- und Wasserstoffanlagen.

2. Die Schweiz fördert erfolgreich öffentliche Verkehrsmittel wie Straßenbahn und Eisenbahn. So macht ein Schweizer Bürger pro Jahr 47 Fahrten mit der Bahn. Die EU-Bürger kommen im Durchschnitt auf 14,7 Fahrten pro Jahr.

3. Die deutsche Bundesregierung beteiligte sich nicht am Krieg gegen den Irak, trotz erheblichen politischen Drucks. (88)

Allen drei Entscheidungen liegt die kulturelle Selbstidentifizierung eines politischen Gemeinwesens zugrunde. Über die Frage, wie man eigentlich leben will, kann nur in einem kulturellen Prozeß entschieden werden: „Am Ende stehen Bürgerinnen und Bürger, die sich nicht zum Verzicht – weniger Auto, mehr Straßenbahn – durchringen, sondern in kultureller Teilhabe Veränderungen einer Gesellschaft herbeiführen und tragen, die sie für gut halten." (89)

Herfried Münkler urteilt über Welzers Thesen in der *Süddeutschen Zeitung*: „Das Gefährliche an Welzers Buch ist freilich, daß es dazu verleitet, auf politisches Gegenhandeln zu verzichten, weil man damit doch nichts ändern könne. Man sollte das von Welzer entworfene Szenario statt dessen als Herausforderung begreifen. Fatalismus ist gerade angesichts einer solchen Prognose fehl am Platz." (90)

Als hätte Welzer Münklers Kritik angenommen, erweiterte er (zusammen mit Claus Leggewie) ein Jahr später sein Verzichtskonzept und sprach nun von „Verzicht als Gewinn". Er sieht jetzt im individuellen Verzicht vieler durchaus eine Chance und fragt: „APO 2.0, Bürger auf die Barrikaden?" Und er fährt fort: „Einige Dinge werden sogar einfacher, und man selbst wird autonomer, zum Beispiel in seinen Mobilitäts- und Konsumentenentscheidungen. Das ergibt neue Rollenmodelle. Der alte Verzichtsöko ist plötzlich genauso passé wie der Umwelttrottel in seinem Geländewagen." (91) Das heißt weiter: „Allein kann kein Käufer etwas ausrichten, aber als strategischer Konsument wird er plötzlich politisch wirksam." (92)

Ich bin kein Unternehmen, kein Gemeinwesen, kein Staat. Wie viele andere betrachte ich mich jedoch als selbstbewußten Einzelnen und als Teil der Zivilgesellschaft auf nationaler Ebene, aber ebensosehr als Teil der Weltgesellschaft. Eine solche Haltung verbindet, sie findet auch immer wieder ein Forum. Noch einmal der oben erwähnte Soziologe Niko Paech auf dem Evangelischen Kirchentag 2011:

„Also, ich bin jetzt fünfzig Jahre und ein einziges Mal in meinem Leben geflogen, und ich hab' kein Auto, bin seit dreißig Jahren Vegetarier, esse keinen Fisch, hab' noch nie ein Handy gehabt, ich habe zwei Mountainbikes und eine BahnCard 50, ich habe auch keinen Fernseher, keine Digitalkamera, kein Notebook, das teile ich mir halt mit jemandem an der Universität. [...] Es gibt zu viele Menschen, die als Wissenschaftler, als Politiker oder sonstwie Meinungsführer über bestimmte Dinge reden und im selben Moment das genaue Gegenteil vorleben. Das ist eine Form der Schizophrenie, die sich natürlich genauso verbreiten kann wie ein nachhaltiger Lebensstil, und das kann dann dazu führen, daß eine Gesellschaft als Ganzes quasi kulturgeprägt ist von so einer Schizophrenie: daß alle alles wissen und sich gegenseitig erzählen, daß die Welt so nicht bleiben kann, wie sie ist, daß wir sie verändern müssen, aber niemand damit anfängt, sondern jeder versucht die Veränderung der Welt zu delegieren." (93)

Harald Welzer macht in seinem „Plädoyer gegen die Leitkultur der Verschwendung" (94) insbesondere den gesteigerten Konsum für das Ausbleiben der Energiewende verantwortlich. Seine Zahlen sprechen für sich. So wird der tägliche Erdölverbrauch, der „gegenwärtig ein Drittel des Primärenergieverbrauchs ausmacht, heutigen Prognosen zufolge von 84 Millionen Barrel im Jahr 2005 auf 116 Millionen bis 2030 ansteigen, bei kontinuierlich erschwertem Zugang und damit erhöhten Umweltrisiken." (95)

Welzer hält des weiteren fest, daß sich in der westlichen Welt die Menge an verkaufter Kleidung in nur einem Jahrzehnt verdoppelt hat – und nicht nur das:

„Die IKEAisierung der Welt, also die Verwandlung langlebiger Konsumgüter in kurzlebige, schreitet mit irrsinniger Geschwindigkeit fort. Die Nutzungszeit bei elektronischen Geräten verkürzt sich rasant, den unermüdlichen Steve Jobs und Bill Gates sei Dank, und mittlerweile werden in den USA vierzig Prozent und in Europa dreißig Prozent der Nahrungsmittel als Dreck entsorgt, weil sie nur noch gekauft, aber nicht mehr gegessen werden." (96)

Man hört eine leichte Ironie heraus, wenn Harald Welzer in einem Beitrag für den *Spiegel* über Deutschlands Elite schreibt, daß deren „Höchstmaß an Opferbereitschaft heute vor allem in der Tatsache besteht, bis zu zwölf Monate auf die Auslieferung des bestellten Porsche Cayenne warten zu müssen. Wachstum heißt das Zauberwort. Wenn es der deutschen Wirtschaft gutgeht, dann haben alle etwas davon. So ist der Verschwendung Tür und Tor geöffnet." – „In den Haushalten finden sich mehrere Flatscreens, eine Klimaanlage, ein amerikanischer Kühlschrank mit Eiswürfelbereiter (falls mal Dean Martin vorbei kommt) und überhaupt eine sogenannte Landhausküche, mit deren technischer Ausrüstung man auch zwei vollbelegte Jugendherbergen versorgen kann." (97)

Und die Werbung verdient immer mit. Martin Sorrell, der in der Zeitschrift *Capital* als „Konsumritter" vorgestellt wird, prophezeit der Werbeindustrie trotz der Finanzkrise eine rosige Zukunft: „Für die Werbeindustrie sehe ich dank vieler Großereignisse wie der US- Präsidentenwahlen 2012 oder der Olympischen Spiele in den kommenden Jahren eine gute Zeit." (98) Genau festlegen möchte er sich allerdings nicht: „Ansonsten gilt: Es gibt immer Zyklen. Wenn es gut läuft, wird es ein klein wenig schlechter. Wenn es schlecht läuft, geht es danach wieder bergauf. Möglicherweise." (99)

Der Konsumritter, den die Queen bereits im Jahr 2000 zum Ritter geschlagen hat, dürfte es wissen. Er gilt als einflußreichster Werber der Welt und „residiert die meiste Zeit im Londoner Zentrum Mayfair und hat ebenfalls einen Schreibtisch an der Park Avenue in New York. Sein Firmenwerbeimperium steuert rund zehn Prozent der globalen Werbeumsätze, setzte 2010 14,4 Milliarden Dollar um und beschäftigt 150.000 Menschen in 107 Ländern." (100)

J. Die junge Aktivistin
Der deutschen Elite und dem Werberitter könnte man als Antipodin Hanna Poddig mit ihren radikalen Umweltaktionen gegenüberstellen. Gemäß ihrer Lebensweise trägt ihr Buch den Titel *Radikal mutig – Meine Anleitung zum Anderssein*.

Die Mittzwanzigerin repräsentiert eine neue Generation von „Vollzeitaktivisten". Sie ist Mitglied bei Robin Wood, einer Organisation, in der das Auflesen von Zigarettenkippen und die Mülltrennung nicht zu den dringlichsten Aufgaben zählen. Poddig versteht sich als fundamentale Globalisierungskritikerin und als Pazifistin.

Ihre Aktionen und Thesen stoßen auf Kongressen, in Camps und auf Tagungen auf breite Resonanz. „Hanna Poddig paßt in keine Schublade. Sie stellt nicht nur unser Konsumverhalten in Frage. Sie engagiert sich gegen [die] Aufrüstung der Bundeswehr und streitet für eine Welt ohne Atomenergie. Sie tritt gegen Gentechnik und für einen fairen Welthandel ein – und sie ernährt sich von weggeworfenen Nahrungsmitteln aus Supermarktcontainern." (101)

K. Plane Stupid

Die britische Umweltgruppe Plane Stupid konzentriert sich auf Aktionen im Bereich des Flugverkehrs, weil der CO_2-Ausstoß nirgendwo schneller ansteige. Zentrale Forderungen sind: Verbot von Flügen unter fünfhundert Kilometern, der Stopp des Baus von Start- und Landebahnen und ein generelles Werbeverbot für Flugreisen.

Mediale Aufmerksamkeit erreicht die Organisation durch spektakuläre Aktionen, die zum Ausfall von Flügen führen. Entgegen aller Voraussagen erfährt die Gruppe in der Öffentlichkeit große Unterstützung. Das mag daran liegen, daß viele Mitglieder hochgebildet sind und auch auf anderen Feldern aktiv waren, etwa gegen den Irakkrieg, gegen den in Großbritannien eine große Zahl von Menschen protestiert hatte.

Während des Irakkriegs beschränkte sich die Gruppe auf friedliche und legale Aktionen auf der Straße und auf Massenbriefe an die Regierung. Der ausbleibende Erfolg radikalisierte sie. Gesetzesbrüche nimmt man heute in Kauf. (102)

L. Der unermüdliche Kampf des Jürgen Grässlin

Harald Welzer verknüpft die globalen sozialen Konflikte mit dem

Klimawandel: „Vor diesem Hintergrund ist der Klimawandel eine unterschätzte, bislang sogar weitgehend unbegriffene soziale Gefahr, und es scheint vorstellungswidrig, daß dieses naturwissenschaftlich beschriebene Phänomen soziale Katastrophen wie Systemzusammenbrüche, Bürgerkriege, Völkermorde bereithalten könnte, zumal im Augenblick, wo ja alles noch ganz in Ordnung zu sein scheint." (103)

Jürgen Grässlin kämpft gegen die Rüstungsindustrie, führt Prozesse, schreibt Bücher. Seine Motive sind ökologischer und humanitärer Natur. Auszüge aus Grässlins Rede anläßlich der Verleihung des Preises für Zivilcourage:

„Der Begriff der Zivilcourage beinhaltet die Forderung nach Courage, nach Mut, aber auch nach Rage, nach Wut. Lassen Sie mich mit letztgenannter beginnen. In Rage gerate ich angesichts der Tatsachen, daß mehr als eine Milliarde Menschen in Armut lebt und Hunger leidet, während eine kleine Gruppe Reicher und Superreicher vom globalen System der Ausbeutung profitiert, daß mehr als einer Milliarde Menschen der Zugang zu sauberem Wasser verwehrt wird und diese Menschen ungeschützt Krankheitserregern ausgeliefert sind, daß die Ausgaben zur Armutsbekämpfung vielerorts sinken, während Rüstungsausgaben – nach einer Phase der Abrüstung und der vormaligen Hoffnung auf eine Friedensdividende – weltweit wieder steigen, daß zur Zeit mehr als vierzig Kriege und Bürgerkriege toben – nicht nur in Afghanistan und im Irak, sondern auch verdrängte, vergessene und verschwiegene Kriege, so im Sudan, in Somalia und anderswo –, daß diese Kriege nicht verhindert werden konnten, nicht verhindert werden sollten, daß die Bundesrepublik Deutschland – nach den USA und Rußland und noch vor Großbritannien, Frankreich und China – zum drittgrößten Waffenexporteur avanciert ist, daß Deutschland wie andere Industriestaaten Waffen selbst in Krisen- und Kriegsgebiete und an menschenrechtsverletzende Regime liefert und damit Öl ins Feuer dieser Kriege gießt, daß Waffenschmieden wie Heckler & Koch und Daimler/EADS in Zeiten der Wirtschaftskrise zu Kriegsprofi-teuren avancieren, daß alles Leben auf der Erde auch Jahre nach dem Ende des Kalten Krieges noch immer vom atomaren Overkill bedroht wird, daß die weltweite Bankenkrise die Weltwirtschaft in eine existentielle Krise geführt und Abermillionen von Menschen ihre Lebensgrundlagen entzogen hat, daß Gentechnikkonzerne unsere Lebensmittel vergiften, daß täglich weitere Tier- und Pflan-zenarten unwiederbringlich aussterben, daß weltweit neue Atom-kraftwerke gebaut [...] werden [...], daß die Klimakatastrophe mit dramatischen Auswirkungen naht und daß unsere Lebensgrundla-gen irreversibel zerstört werden – wenn wir nicht sofort umkehren. Der Wandel zu einer besseren Welt, die Rückkehr zu Moral und Ethik muß aus der Zivilgesellschaft angestoßen werden, die Initi-alzündung muß von unten erfolgen." (104)

Daß die Bundesrepublik der drittgrößte Waffenexporteur der Welt ist, monieren auch die katholische und die evangelische Kirche – neben der Intransparenz der Geschäfte: „Mit amtlichen Zahlen aus Deutschland konnten die Kirchenvertreter in ihrem nunmehr vierzehnten Rüstungsexportbericht nicht aufwarten. Weder die Bundesregierung noch das Generalsekretariat des Europäischen Rates hätten Daten und Werte über die Entwicklung der Rüstungsexporte im Jahr 2009 vorgelegt." (105)

M. Stéphane Hessel

Mit dem 95jährigen Diplomaten, ehemaligen Résistancekämpfer und Autor Stéphane Hessel verfügen die kritischen Initiativen der Zivilgesellschaft über eine herausragende Persönlichkeit. Seine Streitschrift *Empört euch!* zeigt Wirkung. Hessel wird zur Symbol-figur nicht nur von Empörung und Kritik, sondern auch des aktiven Widerstandes.

So spricht er im Zentrum von Madrid vor Tausenden von jun-gen Menschen, die den Platz Puerta del Sol besetzt halten, um gegen ein Bündel von sozialen Veränderungen zu protestieren. Ihr

Protest richtet sich nicht nur gegen die berufliche Perspektivlosigkeit junger Akademiker, sondern generell gegen die zu erwartenden künftigen Lebensbedingungen.

Hessel ruft zum friedlichen Widerstand auf. Er beklagt, daß das Finanzkapital die Werte der Zivilisation bedroht und die Richtung diktiert, in die sich die Welt bewegen wird. (106)

Zwei Aspekte sind für ihn von überragender Bedeutung:

„1. Die weit geöffnete und noch immer sich weiter öffnende Schere zwischen ganz Arm und ganz Reich. Das ist eine Spezialität des 20. und 21. Jahrhunderts. Die Ärmsten der Welt verdienen heute kaum zwei Dollar pro Tag. Wir dürfen es nicht zulassen, daß diese Kluft sich weiter vertieft. Allein schon dies heißt, sich weiter zu engagieren.

2. Die Menschenrechte und der Zustand unseres Planeten." (107)

N. Die Dr.-Kattbeck-Aktion

Ich schneide Zeitungsartikel aus, die schlecht formuliert sind, in denen reaktionäre Thesen vertreten werden oder die schlicht von dummen Journalisten stammen. Jeder Artikel erhält einen Dr.-Kattbeck-Gütestempel mit der Zeile: „Dr. Kattbeck – To cut out and to send back." Dann geht der Artikel per Post ohne weiteren Kommentar zurück an die Redaktion.

Der Stempel kann erworben werden. Beigefügt ist folgender Text: „Mit dieser Aktion wehren Sie sich gegen dumme Artikel in Ihrer Zeitung. Wie? Ganz einfach. Sie schneiden den dummen Artikel aus der Zeitung aus, stempeln Dr. Kattbeck an den Rand und schicken diesen dem Autor mit der Post zurück. Kunst! Dr. Kattbeck." (108)

13 SINNVOLLE PREISE

Der Public Eye Award wird seit dem Jahr 2000, wie bereits erwähnt, von EvB (Erklärung von Bern) und Greenpeace in der Schweiz vergeben. Die Initiatoren schreiben:

„Die übelsten Unternehmen des Jahres erhalten von uns Schmähpreise. Zwei davon (die Kategorien Global und Swiss) werden von einer internen Fachjury und der People's Award per Internetabstimmung vom Publikum verliehen. Ab 2010 vergeben wir zudem einen Greenwash Award, um der inflationär wachsenden Zahl an Institutionen Rechnung zu tragen, die mittels sozialökologischer Feigenblätter versuchen, das Image unbelehrbarrr Konzerne schön zu färben.

Was fordern wir?

Durch die Liberalisierung der Märkte sind die Spielräume transnationaler Konzerne rasant gewachsen, so rasant, daß nationale Gesetze lange schon keinen ausreichenden Rahmen mehr setzen können. Und freiwilliges Engagement der Unternehmen ist häufig das Hochglanzpapier nicht wert, auf dem es dokumentiert wird. Ob es um die Patentierung überlebenswichtiger Medikamente geht, um rücksichtslose Rohstoffgewinnung oder die Ausbeutung von Arbeiterinnen und Arbeitern: Die Gier der in Davos versammelten Global Player treibt stinkende Blüten. Deshalb ist es im zweiten Krisenjahr in Folge wichtiger denn je, daß Unternehmen ihre soziale und ökologische Verantwortung weltweit wahrnehmen und dafür von der Politik rechtsverbindlich in die Pflicht genommen werden. Genau das fordern wir." (109)

Es lohnt sich, einige Jahressieger näher zu betrachten. In dieser Konzentration liest man selten über sie. Ich folge in den jeweiligen Begründungen sehr eng den Ausführungen der Preisverleiher.

Anläßlich der Preisvergabe 2010 heißt es in einer Pressemitteilung: „In Sichtweite des Weltwirtschaftsforums (WEF) in Davos haben die Erklärung von Bern (EvB) und Greenpeace heute die sozial und ökologisch skrupellosesten Firmen des Jahres prämiert."

1. F. Hoffmann-La Roche AG, kurz Roche, ist ein weltweit tätiger Pharmakonzern sowie Hersteller von Reagenzien und Geräten zur medizinischen Diagnostik mit Hauptsitz in Basel.

Roche mußte 2001 eine von der EU-Kommission verhängte Strafzahlung in Höhe von 462 Millionen Euro für verbotene Preisabsprachen im Zusammenhang mit Vitaminpräparaten leisten. Darüber hinaus wird Roche vorgeworfen, bereits in den Jahrzehnten vor dem von der EU-Kommission mit einer Strafe geahndeten Kartell in illegale Preisabsprachen verwickelt gewesen zu sein.

2008 erhob die irakische Regierung schwere Vorwürfe gegen ausländische Unternehmen, darunter Roche, denen zufolge dem Irak zu Zeiten der Diktatur unter Saddam Hussein milliardenschwere Schäden durch Bestechung entstanden seien.

In dem Buch *Korrupte Medizin – Ärzte als Komplizen der Konzerne* erhebt der Journalist Hans Weiss Vorwürfe gegen zahlreiche Pharmaunternehmen, darunter Roche, in bezug auf finanzielle Zuwendungen an Ärzte mit dem Ziel, die Verschreibungspraxis zu beeinflussen.

2. Die Royal Bank of Canada: Am Pranger steht das umsatzstärkste Unternehmen Kanadas wegen seiner Rolle als weltweit führender Financier der Ölsandkonzerne. Diese fördern in der Provinz Alberta auf einer Fläche, die größer ist als die Schweiz und Österreich zusammen, das dreckigste Rohöl der Welt. In seiner Laudatio berichtet Brant Olson vom kalifornischen Rainforest Action Network von „einer der größten Umweltsünden des 21. Jahrhunderts" und fordert die Hauptgeldgeber zur „endgültigen Abkehr von dieser mittelalterlichen Klimakiller-Industrie" auf.

3. Im Abstimmungskampf um ein Schweizer „Verbot von Kriegsmaterial-Exporten" hat die Zürcher PR-Agentur Farner Methoden aus dem Kalten Krieg angewandt. Im Juni 2009 schickte sie eine Politologin als verdeckte Ermittlerin auf ein Strategiewo-

chenende der Gruppe Schweiz ohne Armee (GSoA). Die Farner-Frau log der GSoA vor, sie wolle eine Seminararbeit schreiben, stellte aber so viele Expertenfragen, daß jemand Verdacht schöpfte. Im August plauderte ihr Lebenspartner gegenüber der Presse. Seine Freundin sei von Farner „schlecht gebrieft" worden. Sie habe den Auftrag nur ausgeführt, weil Jobs für Politologinnen derzeit rar seien. Farner PR wies den Verdacht der verdeckten Ermittlung erst „in aller Form" zurück. Kurz darauf erreichte ein Farner-Papier von 2005 die Medien. Darin war bereits die Rede von der „Observation von Aktivistengruppen" und „öffentlicher Desavouierung des Gegners". Im Oktober veröffentlichte der *Blick* den Report der Politologin – auf Farner-Briefpapier. Die Bespitzelung politischer Gegner verstößt nicht nur gegen Sitte und Anstand, sondern juristisch auch gegen die Versammlungs- und Meinungsfreiheit.

4. Arcelor Mittal ist der mit Abstand größte Stahlproduzent der Welt und dessen Haupteigentümer, der Inder Lakshmi Mittal, der achtreichste Mensch der Welt. Der Konzern hat vor einigen Jahren den halbstaatlichen Stahlproduzenten Iscor in Südafrika übernommen, kümmert sich seither aber weder um dessen soziale noch um dessen ökologische Verantwortung. Der Konzern lobbyiert gar gegen eine strengere staatliche Luftreinhalteordnung und weigert sich, das stark vergiftete Fabrikumland zu sanieren. Dabei waren diese Altlasten der Grund, weshalb Arcelor Mittal das Werk zu einem Spottpreis kaufen konnte. Menschen, die nahe der Mittalschen Deponie wohnen, berichten von Tieren, die deformiert geboren werden, und von Konserven und Fensterrahmen, die auffällig schnell durchrosten. Die Gemeinde weist überdies eine weit überdurchschnittliche Krebsrate auf. Arcelor Mittal hat zudem eine Vielzahl von Beschäftigten entlassen und deren Behausungen an eine private Gesellschaft verkauft. Viele ehemalige Mitarbeiter sind nun arbeitslos und können ihre Miete nicht mehr bezahlen. Weitere Vorwürfe an Arcelor Mittal betreffen illegale Giftmüllentsorgung, Preisabsprachen und eine betrügerische Marktaufteilung.

5. KPMG ist eine der vier größten Wirtschaftsprüfungs- und Beratungsfirmen der Welt. Sie ermuntert ihre Kunden zu aggressiven Steuervermeidungspraktiken und entwickelt laufend neue Steuersparmodelle. KPMG bietet über fünfhundert solcher Modelle an. Für KPMG ist das staatsschädigende Busineß sehr lukrativ – und für ihre Kunden erst recht. Gemeinsam prellen sie die Staaten um Hunderte von Milliarden US-Dollar. Die Praktiken der KPMG höhlen die Steuersysteme der Staaten aus, und dort steht immer weniger Geld für die sozialen Aufgaben und den Public Service zur Verfügung. Die Steuerflucht der transnationalen Konzerne führt auch dazu, daß die kleinen und mittleren Unternehmen von den Staaten stärker zur Kasse gebeten werden.

Indem die Beratungsfirma ihre Kunden dazu ermutigt, im großen Stil Steuern zu umgehen, verstößt sie gegen das Gebot der unternehmerischen Verantwortung für das Gemeinwohl.

14 VOM ICH ZUM WIR

Ich fühle mich der Familie Krautwaschl, die sich bemüht, möglichst viel Plastik aus ihrem Haus zu verbannen, ebenso nahe wie Hanna Poddig, die als Ökoaktivistin an vielerlei Orten agiert. *(Siehe auch Kap. 4 „Exoten, Totalverweigerer und Einzelgänger?" und Kap. 12 „Bewegen".)*

Der Lebensweise des „Ökobastlers" oder im Netz auch „Sperr-müllfahrradpapst" genannten Christian Kuhtz kann ich persönlich wenig abgewinnen. Sie wäre für mich nie eine Alternative, aber seine Kreativität ist durchaus bewundernswert, wie auch das Leben des Bauern Gottfried Stollwerk. (110)

Ob sich die von mir vorgestellten Vertreter einer alternativen, ökologisch orientierten Lebensweise gegenseitig akzeptieren würden, kann ich nur vermuten. Ich jedenfalls bin davon überzeugt, daß ich mit jedem dieser Menschen von einem Ich- zu einem Wir-Gefühl gelangen könnte.

Es müssen aber nicht immer außergewöhnliche Menschen sein, damit eine solche Identifikation gelingt. Auf der Demonstration gegen die Laufzeitverlängerung der Atomkraftwerke im September 2010 im Berliner Regierungsviertel war es möglich, unter den hunderttausend Teilnehmern ein Wir-Gefühl zu entwickeln, trotz unterschiedlichster Gruppen und Strömungen: Aktivisten von Attac neben SPD-Mitgliedern, Grüne neben Anhängern der Partei Die Linke, der Verein Mütter gegen Atomkraft neben den Christlichen Demokraten gegen Atomkraft, Greenpeace neben Robin Wood.

So etwas gelingt nur, wenn wir den anderen nicht ausgrenzen oder nicht ausschließlich in seiner Stärke wahrnehmen, sondern auch in seiner Unzulänglichkeit. Das bedeutet im Umkehrschluß, so der Soziologe Richard Sennett: „Um den anderen wahrzunehmen, muß man sich dazu durcharbeiten, die eigene Unvollständigkeit zu akzeptieren." (111)

Sennett bezieht sich auf Äußerungen des Schriftstellers James Baldwin, der als Schwarzer in den USA der Auffassung skeptisch gegenüberstand, daß sich die Lage der Schwarzen automatisch verbessern würde, bekämen sie die Bürgerrechte zuerkannt. Baldwin mißtraute diesem „Geschenk" der Weißen, die diese Freiheiten ihren eigenen Vorstellungen gemäß einräumten und dafür auch noch Dank von seiten der Schwarzen erwarteten. Baldwin, der sich darüber klar war, wie vehement die Schwarzen ein solches Geschenk ablehnten, plädierte deshalb für ein Zusammenleben bei gleichzeitiger Achtung der Differenz, also für ein Nebeneinander bei einem gleichberechtigten Miteinander. Um das zu erreichen, forderte er dazu auf, vom Ich- zu einem Wir- Gefühl zu gelangen. Dies könne nur gelingen, wenn man sich dem Außen zuwende und sich nicht im Inneren verschanze. (112)

Da ist eine Parallele zu den Positionen von Harald Welzer erkennbar, der zeigt, wie man sich aus der Rolle des einzelnen oder Vereinzelten lösen kann. „Die Krux der funktionalen Moderne liegt darin", stellt er fest, „daß sie keine identitätsstiftende Geschichte über sich erzählt, in die man sich als Bürgerin oder Bürger einschreiben kann und auf dieser Basis das Gefühl eines identitätskonkreten ‚Wir' entwickeln könnte." Dann schlägt er „die Schaffung einer guten Gesellschaft" vor. Darunter versteht er „neue Formen außerparlamentarischer Debatten und direkte Formen von Demokratie". (113)

So kann Verzicht, wird die Idee des Verzichts zwanglos-demokratisch geteilt, mehr sein als Verlust und eher zum befreienden Gegenteil führen, wie Niko Paech ausführt:

„Wer unter einer Lawine der Reizüberflutung der materiellen Selbstverwirklichungsoptionen zu ersticken droht, der verzichtet nicht, sondern befreit sich letzten Endes von Ballast, der vor allem eines stiehlt, nämlich unsere Zeit und unsere Aufmerksamkeit. Das ist die knappste Ressource, die einem Menschen heute in den modernen Gesellschaften in die Quere kommen kann bei der Suche nach Glück. Das heißt, sein Leben zu entrümpeln ist kein Verzicht, sondern ist das, was man auch als kluge Lust oder als smarten Konsum bezeichnen kann, und man hat dann viel Zeit frei, um andere Dinge zu tun." (114)

15 GLÜCK

Ich sitze in einem kleinen Zimmer an der Küste Portugals. Seit über dreißig Jahren komme ich hierher. Die Balkontür ist angelehnt, leise hört man das Rauschen des Meeres. Auf dem Tisch steht eine große Schale mit kleingeschnittenen Tomaten, säuerliches Graubrot liegt daneben. Ab und zu riecht Steven an einer weiteren Tomate, bevor er sie in mundgerechte Happen schneidet, Olivenöl darüber gießt und grobkörniges Salz durch die Finger rieseln läßt.

„Eigentlich sind sie erst morgen hundertprozentig reif", meint er und riecht an der nächsten Tomate. Ich fülle mein kleines Weinglas mit preiswertem portugiesischem Rotwein und schenke auch den anderen am Tisch nach.

Wir vier strahlen uns an, und wir greifen immer wieder in die rote Tomatenschale. Das Glück im Raum ist zu spüren. Mehr noch: Hier, bei einem portugiesischen Freund, zu sitzen ist das wahre Glück. Jedenfalls für mich.

16 NACHTRAG

Vor einiger Zeit kam meine erwachsene Tochter Janna mit der Bitte zu mir, ihr zwei Plakate für eine Anti-Atom-Demonstration in Berlin zur Verfügung zu stellen, zu der mehr als hunderttausend Menschen erwartet wurden. Sie wollte als Sandwich-Girl gehen, mit einem Plakat vorn und einem auf dem Rücken.

„Sieht das nicht etwas ulkig aus, im digitalen Zeitalter als einen Meter achtzig lange Litfaßsäule in einem Demonstrationszug mitzumarschieren?" fragte ich sie, ohne zu erwähnen, daß mich ihr Interesse für meine Plakate sehr freute.

„Das sind doch wichtige Plakate, hochaktuell! Von wann ist das Motiv ‚Ist das die Zukunft unserer Kinder?' Das würde ich gerne tragen."

„Das ist aus dem Jahr 1976, zehn Jahre vor Tschernobyl", sagte ich. „Oh, das war ja sechs Jahre vor meiner Geburt."

Ich erzählte ihr, daß ich das Plakat nicht nur entworfen, sondern es auch selbst gedruckt und vertrieben hatte, ohne Auftrag, und das sei mein künstlerischer Beitrag zur politischen Bewegung, in diesem Fall zur Antiatomkraftbewegung gewesen, die sich 1976 in Deutschland zu formieren begann und schließlich zur Gründung der Grünen 1980 führte.

Am 13. November 1976 war ich um drei Uhr nachts aufgestanden. Mit Gleichgesinnten fuhr ich in einem Bus von Berlin an die Elbe. Das Ziel unserer Reise befand sich etwa fünf Kilometer südlich von Brunsbüttel. Der Bauplatz des Atomkraftwerkes Brokdorf lag direkt an der Elbe. Aus allen Teilen der Bundesrepublik waren AKW-Gegner angereist, um gegen den Bau des Atomkraftwerkes zu demonstrieren.

Der Protest ging durch alle Bevölkerungsschichten. Bauern aus der Marsch setzten sich auf ihre Trecker. Bewohner der umliegenden Gebiete wanderten mit Demonstranten über die Wiesen zum

Bauzaun. Über ihnen kreisten, manchmal in nur fünf Metern Höhe, Polizeihubschrauber.

Direkt am Bauzaun, der mit einem Wassergraben umgeben war, suchte der harte Kern der Demonstranten die direkte Auseinandersetzung mit der hochgerüsteten Polizei. Es gab Schwerverletzte auf beiden Seiten. Die Polizei setzte Wasserwerfer, berittene Beamte und Hunde ein. Naß und müde verließen wir am späten Nachmittag die Umgebung der Festung Brokdorf.

Der Rauch der Tränengasgranaten brannte in den Augen. Nicht weit vom Bauplatz, in sicherer Entfernung, hatten freiwillige Helfer, überwiegend Menschen aus der Gegend, Versorgungsstände aufgebaut, an denen man sich mit Decken wärmen und heißen Tee trinken konnte. Die Stimmung war prächtig. Ich verteilte ein paar Postkarten, notierte Adressen von Anti-AKW-Gruppen und versprach, weiteres Material zu schicken. Einige Plakate hatte ich schon vorher im Ort geklebt.

Nach Brokdorf veränderte sich die Republik. Die Zahl der Mitglieder im Bundesverband Bürgerinitiativen Umweltschutz stieg auf 300.000, Hunderte von kleinen und neuen Bürgerinitiativen entstanden. In Wyhl am Rhein, in der Nähe des Kaiserstuhls, konnten Demonstranten durch jahrelanges beharrliches Engagement ein geplantes Kernkraftwerk verhindern.

Das Thema Atomkraft griff ich danach immer wieder auf. Während der Gründungsphase der Grünen bat mich dann der Verband Nordrhein-Westfalen 1979, zu drei Kernthemen der Grünen Plakate zu entwerfen: „Alternative Energien – Ja bitte", „Schnüffel – Nein danke", „Paragraphenflut – Nein danke".

Seit 1970 arbeitete ich aber meist frei. Ich trat keiner Partei bei und schloß mich keiner Organisation an. Ich wollte unabhängig bleiben. Meine Plakate, Bücher, Aufkleber und Postkarten verkaufte ich auf politischen Veranstaltungen, über Buchläden und den privaten Versand. Mir war es wichtig, den Produktionsablauf von Anfang bis Ende zu bestimmen. Die Arbeiten sollten unzensiert ans interessierte Publikum gelangen. Neben der Atomkraft ging es um Themen wie Umweltzerstörung, reaktionäre Politiker und die Friedensbewegung. Etliche Male kam es zu Beschlagnahmungen, Ermittlungsverfahren, Hausdurchsuchungen, Morddrohungen.

Beispielsweise wurde das Auto eines Schauspielers einkassiert, weil der Aufkleber „Öffentlicher Dienst" an der Scheibe klebte. Nach diversen Ermittlungsverfahren begann in Köln 1976 der Prozeß „Die Bundesrepublik gegen Volland". Man wollte das Motiv „Öffentlicher Dienst" grundsätzlich verbieten, da man in der Verwendung des Bundesadlers die „Verletzung eines deutschen Hoheitszeichen" sah.

Das Verfahren endete mit einem Freispruch, denn mein Anwalt hatte belegen können, daß es die auf dem Plakat genannten Berufe Schleimer, Duckmäuser, Schnüffler und Kriecher nicht gibt und damit für jedermann offensichtlich sei, daß es sich um Satire handelt. Und Satire darf nach Tucholsky bekanntlich alles.

Hilfreich war der Kontakt zu Wolf Biermann nach seiner Ausbürgerung. Ich fragte ihn, ob ich bei seinen Konzerten meinen Tisch vor der Halle aufbauen und meine Arbeitern verkaufen dürfe. Er gestattete es.

Als Harry Belafonte, der die Friedensbewegung unterstützte, in Deutschland auftrat, wurde er durch Zufall auf Arbeiten von mir aufmerksam, die sich kritisch mit der amerikanischen Politik auseinandersetzten. Während eines Besuchs von Ronald Reagan Anfang der achtziger Jahre beschlagnahmte die Polizei mehrere dieser Arbeiten. Daraufhin lud mich Harry Belafonte zu einem Konzert in Berlin ein. Nach seinem Auftritt plauderten wir in der Garderobe, und er kaufte etliche Arbeiten, zum Beispiel hundert Postkarten mit einem Reagan-Motiv, die er seinen Freunden zu Weihnachten schenken wollte.

Welche Wirkung politische Plakate damals haben konnten, läßt sich an der Zerstörung einer kompletten Ausstellung mit Plakaten von mir erkennen. Organisiert worden war sie Anfang der achtziger

Jahre von der Neuen Gesellschaft für Bildende Kunst in Berlin. Einige Tage nach der Eröffnung rückte die Polizei an und demolierte die gesamte Ausstellung. Trotz des Einsatzes meiner Anwälte Klaus Eschen und Otto Schily bekam ich keinen Schadensersatz. Kurioserweise wurde über eine Pressemeldung der dpa bundesweit verbreitet, der Künstler Ernst Volland habe im Zentrum von Berlin faschistische Symbole gezeigt, weshalb die Polizei nach Beschwerden von jüdischen Mitbürgern habe einschreiten müssen. Auslöser war das Plakat „NSDAP-Mitglied als Bundespräsident?" gewesen, auf dem ein angedeutetes Hakenkreuz zu sehen ist.

Der damalige Bundespräsident Karl Carstens war gut beraten, nicht gegen mich zu klagen. Er hätte dann in der Öffentlichkeit über seine NS-Vergangenheit Rechenschaft ablegen müssen. Außerdem war er bestimmt nicht daran interessiert, meine Arbeit durch Zensur zu adeln.

Das ist der Firma Jägermeister bestens gelungen. Sie ließ das Bild „Jägermeister I", zuerst erschienen in der Zeitschrift *Pardon*, sofort verbieten und forderte eine ganzseitige Gegendarstellung sowie die Zahlung von 10.000 DM an das Rote Kreuz.

Den ersten Prozeß in Hamburg verloren wir. Aber mein Ziel hatte ich erreicht. Das Thema „Alkohol und Kinder" wurde jetzt in der Öffentlichkeit diskutiert. Die Plakate „Jägermeister I" und „Jägermeister II", das in der folgenden Ausgabe von *Pardon* gedruckt wurde, waren in aller Munde. Das Image des Likörherstellers, der einen hohen Schadensersatz einklagen wollte, hatte Kratzer bekommen. Vor dem Revisionsprozeß zog Jägermeister die Klage zurück und übernahm sämtliche Kosten des Verfahrens.

Meine Tochter schaute in meinem Atelier die auf dem Boden ausgebreiteten Plakate an und entschied sich für die Blätter „Zukunft" und „Horrorleben". „Das Plakat ‚Horrorleben' nehme ich, weil das Problem der Endlagerung ja nicht gelöst ist", sagte sie. „Ich überlege, mich an der nächsten Blockade des Castortransportes in Gorleben zu beteiligen." (115)

ANMERKUNGEN

1 Peter Sloterdijk: „Das 21. Jahrhundert beginnt mit dem Debakel vom Dezember 2009", in: *Süddeutsche Zeitung*, 20. Dezember 2009

2 Reinhard Loske: „Das ewige Mehr funktioniert nicht auf Dauer", in: *taz*, 27. Oktober 2009

3 Claus Leggewie/Harald Welzer: *Das Ende der Welt, wie wir sie kannten – Klima, Zukunft und die Chancen der Demokratie*, Frankfurt am Main 2009

4 Ebenda

5 http://www.gourmet-blog.de/horst-lichter-gegen-lange-transportwege-bei-lebensmitteln/

6 Thilo Bode: *Die Essensfälscher – Was uns die Lebensmittelkonzerne auf die Teller lügen*, Frankfurt am Main 2010, S. 24

7 Ebenda, S. 199

8 Birgit Morgenrath: „Apartheid unter dem guten Stern", in: *Freitag*, 6. Dezember 2002. Dort heißt es weiter: „Mercedes Benz South Africa, die Tochterfirma des Stuttgarter Konzerns, gehörte zum illustren Zirkel von 300 deutschen Unternehmen, die bis in die neunziger Jahre hinein mit dem Apartheidregime Geschäfte abschlossen, Darlehen gewährten oder in Dependancen wie Mercedes Benz South Africa produzieren ließen. Gewinn: rund 8,4 Milliarden DM. Deutsche Partner der Machthaber in Pretoria waren Bayer und Hoechst, Siemens, Bosch und AEG, Mannesmann, Krupp, Rheinmetall, MAN und MBB, die Deutsche Bank, die Dresdner und die Commerzbank, BMW und VW. Sie kooperierten selbst dann noch mit dem Apartheidstaat, als Präsident Pieter Willem Botha 1980 zu seiner ‚Totalen Strategie des verdeckten Krieges' gegen den ANC ausholte. Ein aus Verfolgungswahn gespeistes System mit Tausenden von Zuträgern aus Militär, Geheimdienst, Polizei – auch der Wirtschaft – entstand. Das National Security Management System hatte seine Augen überall und in 400 Joint Management Centers ein Frühwarnsystem gegen die schwarze Opposition installiert."

9 Dringt man in diese Materie tiefer ein, stößt man auf eine Reihe von deutschen Politikern, die eng mit dem Apartheidregime zusammengearbeitet haben, etwa auf den späteren Bundespräsidenten Carl Carstens. „Gerade in jenen Jahren, von 1966 an, war Carstens zunächst Staatssekretär im Verteidigungsministerium, das dem BND die zum Export bestimmten Waffen und Geräte der Bundeswehr überließ. 1968 dann wechselte der Unionsmann als Chef ins Bundeskanzleramt, wo er die Dienstaufsicht über Pullach [den BND] führte." (*Der Spiegel* 50/1978)

Neben Carstens agierte Dr. Erwin Hauschildt, Deckname Dr. Herms-dorf: „Er war der Spezialist für den direkt beim BND-Präsidenten ange-bundenen Bereich Waffenhandel, hielt die Verbindungen zur Firma MEREX, zur Frankfurter Spedition Schenker, zum **Gerling**-Konzern, zur Deutschen Bank, zum Wirtschaftsministerium und zum Amt für gewerbliche Wirtschaft. Vom Waffenexport selbst über die Transportfir-men und Versicherungen bis zur finanziellen Abwicklung und zu den Rüstungsexportgenehmigungen lag damit alles in seiner Hand. Die Waf-fen gingen auch an Südafrika, das schon in jener Zeit als Apartheid-Staat international verrufen war."

(http://groups.google.com/group/de.soc.politik/ msg/e21ced147af64704)

Als ich seinerzeit schüchtern eine einzige Erdbeere kostete, war mir all dies nicht bekannt. Es sei hiermit nachgeholt.

10 http://www.oekotest.de/cgi/index.cgi?artnr=32125;bernr=04;co=

11 Anfang Juli 2011 wird von deutscher Seite über den Kauf von zweihun-dert Panzern mit Saudi-Arabien verhandelt. Außenminister Guido Westerwelle und die Bundeskanzlerin haben sich für dieses Geschäft stark gemacht. Die deutsche Rüstungsindustrie, der Münchner Panzer-hersteller Krauss-Maffei, der zweite große Landsystemhersteller Weg-mann, Rheinmetall und zahlreiche Zulieferunternehmen, erhoffen sich ein Milliardengeschäft. Die Saudis wollen neue Panzer, keine gebrauch-ten.

Das Königreich ist eine absolutistische Monarchie. Die königliche Familie geht konsequent gegen oppositionelle Kritiker vor. Das bedeutet: Inhaf-tierung gewaltloser politischer Oppositioneller, Unterdrückung der Mei-nungs- und Religionsfreiheit, Haft ohne Anklage und Gerichtsverfahren, Ausweisung von Ausländern, denen in ihrer Heimat die Todesstrafe droht, Ausweisung politisch Verfolgter, Anwendung der Todesstrafe.

12 http://www.spiegel.de/wirtschaft/0,1518,141463,00.html. Das Privat-vermögen von Rolf Gerling wird auf 1,4 Milliarden Schweizer Franken geschätzt.

13 Wolfram Siebeck in: *Der Feinschmecker* 10/2010

14 Interview mit Paul Trummer, in: *der Freitag*, 9. Dezember 2010

15 Ebenda

16 Ebenda

17 Über das Schicksal der Flüchtlinge ist in den vergangenen Jahren in aus-gezeichneten Fotoreportagen berichtet worden. Auch haben ihre Lebens-

wege verschiedene Literaten inspiriert. Zu nennen ist hier vor allem der Roman *Drei starke Frauen* der französischen Schriftstellerin Marie NDiaye (Berlin 2010). *Le Havre*, der Film von Aki Kaurismäki (2011), nimmt sich der Problematik in Form eines modernen Märchens an.

18 Jan Grossarth: „Der Bauer Gottfried", in: *Frankfurter Allgemeine Zeitung*, 10. Juli 2009

19 Jan Grossarth: „Wenn es dunkel wird, dann gibt es Geister", in: *Frankfurter Allgemeine Zeitung*, 23. Januar 2010

20 Ebenda

21 Ebenda

22 Gabriele Goettle: „Freiwillige Armut – Zu Besuch bei einer ungewöhnlichen Frau", in: *taz*, 29. Juni 2009

23 Ebenda

24 Auszug aus einem Gespräch des Autors Anfang 2010 mit Ludi (Ludwig Giersch), der inzwischen in Berlin lebt und auch dort containert.

25 Auf Wunsch des Autors schreibt Ludi eine eigene Einschätzung zum Thema „Genußvoll verzichten".

26 Andreas Hoppe: *Allein unter Gurken – Mein abenteuerlicher Versuch, mich regional zu ernähren*, München 2009. „Eine kleine blasse Erdbeere, serviert bei einem Dreh im Winter, ist für Hoppe der Auslöser. Bei ihrem Anblick erkennt Andreas Hoppe, alias *Tatort*-Kommissar Mario Kopper, wie ungesund unsere Essensgewohnheiten sind: für uns, unsere Zukunft, unsere Umwelt." (Klappentext)

27 Niko Paech in einer Diskussion auf dem Kirchentag in Dresden, rbb Radio, 31. Juli 2011

28 *Hotel Weinhaus Stern*, Heidi Martin & Klaus Markert, Hauptstraße 23/25, 63927 Bürgstadt

29 Siehe „Frisch auf den Müll", in: *Süddeutsche Zeitung*, 16. Oktober 2010. Das Thema „Lebensmittel im Müll" hat die Feuilletons der großen Zeitungen erreicht. Wird sich dadurch im Verhalten etwas ändern? Seit September 2011 ist das Buch von Stefan Kreutzberger und Valentin Thurn mit dem Titel *Die Essensvernichter – Warum die Hälfte aller Lebensmittel im Müll landet und wer dafür verantwortlich ist* (Köln) auf dem Markt.

30 So wurde es mir später von den Dagebliebenen berichtet.

31 „Wir sind in den Boden versunken vor Scham, wollten am liebsten unter den Tisch kriechen. Da können wir nicht mehr hingehen."

32 *Der Spiegel* 28/2011

33 *Süddeutsche Zeitung*, 13. Dezember 2011

34 Leider nimmt die Geschichte mit dem unzulänglichen Service kein Ende.
    In der belebten Berliner Goltzstraße reihen sich Cafés an Restaurants und
    Spezialitätengeschäfte, alles mit einem Hauch des Alternativen versehen.
    Seit Jahren gehe ich hin und wieder in eines der Cafés, so auch heute, an
    einem Montagmorgen, zehn vor neun. Ich möchte frühstücken und so
    viele Zeitungen wie möglich lesen. Das Café führt nämlich etwa dreißig
    Zeitungen und Illustrierte, das ist beachtlich.
    Am Tresen sitzt eine telefonierende Dame. „Was wünschen Sie?" – „Ich
    möchte frühstücken und Zeitungen lesen." – „Wir öffnen erst um neun.
    Bitte kommen Sie dann wieder."
    Ich gehe hinaus und an den Zeitungen und Stühlen vorbei. Nach einer
    Viertelstunde komme ich zurück. Die Tür des Cafés ist verschlossen. Auf
    mein Klopfen an die Scheibe reagiert niemand. Nach zehn Minuten ziehe
    ich von dannen.
    Aber auch bei sogenannten ersten Adressen am Platz reibt man sich die
    Augen. Im gemütlichen Tearoom eines großen Hotels an der Binnenalster
    in Hamburg sitzt niemand. Es ist Sonntagvormittag, etwa zehn Uhr. Wir
    setzen uns an den Kamin. Die Bedienung kommt sofort. „Der Tisch ist
    reserviert." Tatsächlich, das „Reserviert"-Schildchen steht verkehrt
    herum auf dem Tisch.
    „Wann kommen die Gäste?" – „In zwei Stunden." –„Bis dahin sind wir
    längst fertig." – „Das geht nicht."
    Es ging dann doch. Ein Sandwich kostete fünfzehn Euro, eine kleine
    Kanne Tee zehn. Egal. Schöner Platz.

35 www.weingut-horst-sauer.de; www.weingut-rainer-sauer.de

36 Ich bleibe weiterhin Kunde beim Weingut Scheuring.

37 Reinhard Heymann-Löwenstein: *Terroir – Weinkultur und Weingenuß in
    einer globalen Welt*, Stuttgart 2009

38 Slow Food ist ein Begriff, der von der gleichnamigen Organisation als
    Ausdruck für genußvolles, bewußtes und regionales Essen geprägt wurde
    und eine Gegenbewegung zum uniformen, globalisierten und genußfrei-
    en Fast Food bezeichnet. (Wikipedia) Ebenso wichtig: Foodwatch e. V. ist
    eine Nichtregierungsorganisation, die sich mit den Rechten von Verbrau-
    chern und der Qualität von Lebensmitteln auseinandersetzt. Foodwatch
    wurde im Oktober 2002 in Berlin vom ehemaligen Greenpeace-
    Geschäftsführer Thilo Bode gegründet.

39 Heymann-Löwenstein, a. a. O., S. 13

40 Ebenda

41 Ebenda, S. 86

42 www.mail-archive.com/weinforum@wein-plus.de/msg13198.html

43 Im Jahre 2010 kann man in Berlin in dreizehn Ein-Stern-Restaurants gehen. Um hier kein Mißverständnis aufkommen zu lassen: *Fischers Fritz* ist das einzige Sternelokal, das ich besucht habe – und seit seiner Eröffnung vor einigen Jahren auch nur zweimal. Ich würde gerne öfter in ein Sternelokal gehen, aber das ist mir zu teuer.

44 Das komplette Interview: http://www.faz.net/s/ RubBE163169B4324E24BA92AAEB5BDEF0DA/ Doc-EB9AD01EFB92E4DF8BA4943664954D784- ATpl-Ecommon-Scontent.html

45 Siebecks Antwort auf die Frage: „Müssen wir wegen des Klimas auf Fleisch verzichten?", in: *taz*, 9. Januar 2010

46 Angelika Slavik: „Ist der Ruf erst ruiniert – Die Markenwerte der Finanzinstitute stürzen ab, Google und McDonald's gewinnen in der Krise", in: *Süddeutsche Zeitung*, 19. September 2009

47 Glaubt man den gut informierten Testern der Berliner Presse, so sind allein in Brandenburg etliche sehr gute Restaurants zu nennen: das *17fuffzig* im Hotel Zur Bleiche in Burg; das *Friedrich Wilhelm* im Bayrischen Haus in Potsdam; *Carmen's Restaurant* in Eichwalde; das Restaurant *Goldener Hahn* in Finsterwalde. (Stand: 2010)

48 Diese Episode stand bereits in meinem *taz*-Blog. Der Abzocker wurde von einem Leser erkannt. Er schrieb nur zwei Wörter: „Der Schwabe."

49 *Schwarzes Gold*, DVD, Zweitausendeins 2006

50 Günter Wallraff: *Aus der schönen neuen Welt – Expeditionen ins Landesinnere*, Köln 2009

51 http://sandimgetriebe.attac.at/6575.html#1

52 http://sandimgetriebe.attac.at/6575.html

53 http://konsumpf/?tag=nestle

54 Jean Ziegler: *Das Imperium der Schande – Der Kampf gegen Armut und Unterdrückung*, München 2005, S. 250

55 Ebenda, S. 152

56 http://www.n24.de/news/newsitem_4918684.html

57 http://www.platinnetz.de/magazin/artikel/4000-liter-wasser-taeglich-die-groessten-wasserverschwender

58 Gudrun Kern: „Konzerne auf der Anklagebank – Kolumbianisches Meinungstribunal zu Nestlé, Coca-Cola und Chiquita", auf: http://www.ila-web.de/artikel/ila295/tribunalbogota.htm:

„Nestlé besteht in Kolumbien seit 1945 und kontrolliert fast den gesamten Milchproduktemarkt im Land. Der Schweizer Nahrungsmittelmulti stellt aber auch andere Produkte des Lebensmittelbereiches sowie die Grundstoffe für seine Erzeugnisse her. Das Unternehmen wurde dreier Verbrechen angeklagt: 1. Mitverantwortung bei Menschenrechtsverletzungen, unter anderem der Ermordung von Héctor Useche Barón 1986 und von Luciano Enrique Romero Molina 2005; ebenso der Unterlassung in bezug auf den Schutz der physischen Integrität der Gewerkschafter von Sinaltrainal in Bugalagrande, Valledupar und Dosquebradas. (In Sinaltrainal sind die Beschäftigten des Lebensmittelsektors organisiert.) 2. Umpacken und Umetikettieren von abgelaufener Milch: 2002 wurden insgesamt 9.500 Großpackungen sowie 5.800 Kilopackungen abgelaufener Milch aus anderen lateinamerikanischen Ländern in Lagern von Nestlé gefunden, die als Milchpulver in Kolumbien verkauft werden sollten. 3. Verfolgung der Gewerkschaft, Verschlechterung der Arbeitsbedingungen und Verletzung von Arbeitsrechten, unter anderem Entlassungen wegen Organisierung von Streiks, Outsourcing von Arbeitskräften und Prekarisierung (die Beschäftigten mit befristeten Arbeitsverträgen stellen inzwischen die Mehrheit der Belegschaft dar und verdienen nur 35 Prozent des Lohnes der Arbeiter mit unbefristeten Verträgen), Hausdurchsuchungen von Gewerkschaftern und deren Verfolgung durch staatliche Sicherheitskräfte.

Aber auch die Firma Coca-Cola, eines der weltweit muntersten Unternehmen, ist stark in die Kritik geraten. Gegen den Coca-Cola-Konzern wurden beim Tribunal drei Anklagen vorgetragen: 1. Kriminalisierung der Gewerkschaftsaktivitäten: Vier Zeugen illustrierten, wie das Unternehmen die Gewerkschafter und ihre Familien physisch, psychisch und moralisch verfolgt und sie als Kollaborateure der Guerilla beschuldigt. 2. Verschlechterung der Arbeitsbedingungen und Verletzung von Arbeitsrechten: unter anderem Bildung von internen ‚Arbeitskooperativen‘, deren Mitglieder zehn bis vierzehn Stunden täglich arbeiten und dabei einen Mindestlohn verdienen, von dem sie die Kosten für die Sozialversicherung selbst tragen müssen; keine Bezahlung von Überstunden; verschiedene Maßnahmen der Flexibilisierung von Arbeit, zum Teil durch physische Gewalt erzwungener „freiwilliger“ Vorruhestand, Massenentlassungen ohne entsprechende Entschädigungen. 3. Mitverantwortung für Menschenrechtsverletzungen und Verbrechen gegen die Menschlichkeit, exemplarisch geschildert an einem Fall in der Fabrik in Carepa (Dept. Antioquia) und der Ermordung von

Isidro Segundo Gil. Insgesamt gehen bislang neun Morde an Gewerkschaftsaktivisten auf das Konto von Coca-Cola.

Lange Zeit funktionierte Chiquita Brands als United Fruit Company, das Unternehmen, das durch ein Massaker an Bananenarbeitern 1928 zu trauriger Berühmtheit gekommen ist. (Dieses Massaker wird in dem Roman *Hundert Jahre Einsamkeit* von García Márquez beschrieben.) Heute kontrolliert Chiquita Banadex ein Viertel des weltweiten Bananenhandels. Neun Prozent dieser Bananen wachsen in Kolumbien.

Der Bananenmulti wurde bei der Sitzung des Tribunals der Teilnahme am Waffenhandel sowie anderer Formen der Unterstützung paramilitärischer Gruppen angeklagt: 2001 wurden in Carepa im Lager von Banadex 3.000 Maschinengewehre und fünf Millionen Patronen gefunden, die an die Paramilitärs von Córdoba und Urabá ausgehändigt werden sollten. Das Unternehmen wurde dafür nie verurteilt, ebensowenig für das Eingeständnis, Paramilitärs für den angeblichen Schutz der Belegschaft finanziert zu haben. Nachdem die Geschworenen sich zurückgezogen hatten, um die Berichte und Zeugenaussagen zu prüfen, gaben sie ihr vorläufiges Urteil bekannt. Es ist ein Beitrag für die abschließende Sitzung des Tribunals über Konzerne in Kolumbien, die für 2008 vorgesehen ist. In ihrer Entscheidung verfügen die Geschworenen: Die transnationalen Unternehmen Nestlé, Coca-Cola und Chiquita Brands sind direkt für die Verletzungen von Arbeitsrechten, insbesondere bezüglich Gewerkschaftsfreiheit, und die unwürdigen Lebensbedingungen für die ArbeiterInnen und die Gemeinden im allgemeinen verantwortlich zu machen. Die Konzerne umgehen ständig Verpflichtungen, die sie im Bereich der sozialen Verantwortung erfüllen müßten. Der kolumbianische Staat trägt Verantwortung für die Nichtanerkennung des Rechtes auf Arbeit sowie der in verschiedenen internationalen Verträgen festgeschriebenen sozialen Rechte. Der kolumbianische Staat verfolgt weder die Verbrechen gegen die Menschlichkeit noch die Verletzungen der Rechte der Opfer solcher Verbrechen. In Kolumbien gibt es keine unabhängige Rechtsprechung. Bei Verbrechen gegen die Menschlichkeit und Verletzungen der Menschenrechte besteht die individuelle Verantwortung von Mitgliedern der staatlichen Sicherheitskräfte, sei es infolge direkter Beteiligung an Verbrechen oder der Unterlassung von Handlungen, um diese zu verhindern. Die Regierungen der Schweiz und der USA tragen Verantwortung, da sie den Konzernen erlauben, in Kolumbien Rechte zu verletzen, die sie in ihren Heimatländern einhalten müßten.

Als Empfehlungen sprachen sich die Geschworenen dafür aus, die Anstrengungen zur Bekämpfung der Straflosigkeit weiterzuverfolgen und einen Boykott der Produkte von Coca-Cola, Nestlé und Chiquita Brands zu koordinieren. Dies soll die Öffentlichkeit sensibilisieren. Auch sollen die Möglichkeiten geprüft werden, in den jeweiligen Stammländern Prozesse gegen die Unternehmen wegen der Nichteinhaltung von Arbeitsrechten in Kolumbien durchzuführen. Vor dem Internationalen Strafgerichtshof sollen Anklagen formuliert werden. Die kolumbianischen Massenmedien werden dazu aufgefordert, nicht weiter über Verbrechen im Zusammenhang mit Konzernaktivitäten zu schweigen." Siehe auch: http://www.humanrights.ch/home/de/Schweiz/ Aussenpolitik/Aussenwirtschaftspolitik/TNC/ idcatart_4518-content.html?zur=841

59 Harald Welzer: „Daniel Düsentrieb wird uns nicht retten – Über die Herausforderungen für die Demokratie in Zeiten von Klimawandel und Ressourcenknappheit", in: *Süddeutsche Zeitung*, 19. September 2009

60 Die Bahncard-50-Angebote sind teuer. Irgendwann entdeckt man die Bahn-Bonus-Punkte. Nach einer gewissen Anzahl von Punkten erhält man diverse Vergünstigungen, etwa eine Freifahrt innerhalb Europas.

61 Die Klagen über nervige, laute Handybenutzer mehren sich. Siehe etwa: http://www.spiegel.de/kultur/gesellschaft/0,1518,713782,00.html

62 Harald Welzer: „Daniel Düsentrieb", a. a. O.

63 Horst Tomayer ist ein leidenschaftlicher Fahrradfahrer und ein ebenso eifriger Faxschreiber.

64 Der Soziologe Joseph Huber lehrt an der Universität Halle. Die hier vorgetragenen Thesen stammen aus einem Interview, das der Autor mit Huber im Mai 2010 geführt hat.

65 http://blogs.taz.de/vollandsblog

66 http://blogs.taz.de/vollandsblog

67 Til Knipper: „Überangepaßte stoßen an eine gläserne Decke – Interview mit Rudolf Wötzel", in: *Der Tagesspiegel*, 1. Oktober 2009

68 Gabriele Goettle: „Einfälle statt Abfälle – Zu Besuch bei einem sparsamen Tüftler", in: *taz*, 28. September 2009. Alle Informationen über Kuhtz sind von Goettle übernommen. Ich hätte noch andere aus ihrer sehr lesenswerten Serie über außergewöhnliche Menschen zitieren können, beschränke mich jedoch auf Kuhtz und – siehe oben – die Bäuerin Sophie Bayer. Empfehlenswerte Bücher von Gabriele Goettle: *Wer ist Dorothea Ridder? – Rekonstruktion einer beschädigten Erinnerung* (Berlin 2009); *Freibank –*

Kultur minderer Güte amtlich geprüft (Berlin 1993); *Die Ärmsten! – Wahre Geschichten aus dem arbeitslosen Leben* (Frankfurt am Main 2000). Christian Kuhtz, Selbstverlag, Hagebuttenstraße 23, 24113 Kiel

69 http://guynameddave.com/100-thing-challenge/

70 Alexander Musik: „Plastik muß draußen bleiben – Die Krautwaschls wollen auf Kunststoff in ihrem Haushalt verzichten", in: *taz*, 10. Juni 2010 Siehe auch: www.keinheimfuerplastik.at

71 http://www.utopia.de/

72 Der Autor kennt Rolf Disch seit über dreißig Jahren persönlich. Die Teilnehmer einer Wanderung, die seit fünfzehn Jahren in derselben Zusammensetzung, aber in verschiedenen Regionen stattfindet: Stiftungsdirektor und Weinkenner Lothar A. Böhler (Freiburg), Rolf Disch und der Autor.

73 www.plusenergiehaus.de;
www.rolfdisch.de;
www.zsg-rottenburg.de/Dokumente/Spanien/SolarstadtFreiburg.pdf

74 www.ews-schonau.de

75 Gordon Repinski: „Das Mädchen der Atomlobby", in: *taz*, 7. September 2010

76 Holger Appel/Werner Sturbeck: „Stahl, Strom, starke Nerven", in: *Frankfurter Allgemeine Zeitung*, 27. März 2010

77 In der *Süddeutschen Zeitung* vom 16. Oktober 2010 war einem Artikel von Heribert Prantl – „Die Helden der Nation – Warum der Ruf der Politik so schlecht ist und wie er wieder besser wird" – eine aufschlußreiche Liste beigefügt. Unter der Überschrift „Gehaltsvergleich – Wer bekommt wieviel im Monat?" war zu lesen:

333.333,— Euro Vorstandsvorsitzender Energieversorgung

300.000,— Euro Vorstandchef eines Dax-Unternehmens

166.666,— Euro Vorstandsmitglied eines Dax-Unternehmens

43.000,— Euro Vorstandsmitglied Sparkasse Köln-Bonn

23.525,72 Euro Bundeskanzlerin

22.581,58 Euro Krankenkassenvorstand Technikerkrankenkasse

21.666,— Euro IG-Metall-Vorsitzender

Bis 21.000,— Euro Flugkapitän

11.536,— Euro Bundestagsabgeordneter

11.162,24 Euro Oberbürgermeister Stuttgart

7.778,83 Euro Landrat

5.605,96 Euro Gymnasiallehrer, Studiendirektor

5.526,— Euro Richter

4.652,— Euro Tageszeitungsredakteur

1.313,— Euro Friseur

78 Christoph von Lieven im Gespräch mit der Zeitschrift *konkret* (7/2011)

79 Claus Leggewie: „Aber nicht in meinem Vorgarten", in: *taz*, 13.9.2010

80 Michael Braungart/William McDonough: *Einfach intelligent produzieren – Cradle to Cradle: Die Natur zeigt, wie wir die Dinge besser machen können*, Berlin 2008

81 Peter Unfried: „Der klügste Mensch, den seine Frau kennt", in: *taz*, 7. März 2009

82 Das Gespräch fand im Mai 2010 statt.

83 Gigalevel, Terralevel, das meint eine Steigerung um 1.000 Megawatt.

84 Harald Welzer: *Klimakriege – Wofür im 21. Jahrhundert getötet wird*, Frankfurt am Main 2008, S. 264

85 Ebenda, S. 252

86 Ebenda, S. 253

87 Naomi Klein schrieb in der *Süddeutschen Zeitung* vom 12. Juli 2010 unter der Überschrift „Ein Loch in der Welt – Wir lernen alles über die Kreisläufe der Natur, während und indem wir sie vergiften – Eine verkehrte, verdrehte Logik" sehr differenziert über die Ohnmacht der vor Ort betroffenen Menschen gegenüber den Verursachern, gegenüber BP und den US-Behörden.

88 Welzer: *Klimakriege*, S. 264

89 Ebenda, S. 269

90 Zitiert nach dem Umschlagtext der 4. Auflage der *Klimakriege*.

91 Leggewie/Welzer: *Das Ende der Welt, wie wir sie kannten*, S. 186

92 Ebenda, S. 192

93 Niko Paech, a. a. O.

94 Harald Welzer: „Empört euch – über euch selbst! – Plädoyer gegen die Leitkultur der Verschwendung", in: *Der Spiegel* 28/2011

95 Welzer: *Klimakriege*, S. 112

96 Ebenda, S. 113

97 Ebenda

98 *Capital* 7/2011

99 Ebenda

100 Ebenda

101 Klappentext zu Hanna Poddig: *Radikal mutig – Meine Anleitung zum Anderssein*, Berlin 2009

102 Sunny Riedel: „Abstürzende Pelze – Mit Schockvideos und Störaktionen kämpft eine britische Umweltgruppe gegen Vielfliegerei", in: *taz*, 16. 1. 2010

103 Welzer: *Klimakriege*, S. 272

104 http://www.juergengraesslin.com/

105 D. D.: „Kirchen kritisieren Waffenexporte – Deutschland an dritter Stelle der weltweiten Statistik", in: *Frankfurter Allgemeine Zeitung*, 1. März 2010.

106 Stéphane Hessel: *Empört euch!*, Berlin 2011
Harald Schumann und Christian Grefe bemerken im Vorwort zur aktualisierten Taschenbuchausgabe von *Der globale Countdown – Finanzcrash, Wirtschaftskollaps, Klimawandel – Wege aus der Krise* (Köln 2009): „Im folgenden Jahrzehnt [seit 1996] degenerierte die Politik in Europa und Amerika tatsächlich zum bloßen Ausführungsorgan für die vermeintlich unwiderlegbaren und rationalen Forderungen jener, die über Kapitalbewegungen und Investitionen entschieden. Intellektuell widerstandslos, ja ideologisch geblendet, betrieben Politiker, Notenbanker und Aufseher ihre Selbstentmachtung und kämpften nicht mal gegen die Dynamik, die sie in Gang gesetzt hatten."

107 Hessel, a. a. O., S. 13. Ein weiterer zorniger älterer Autor ist Jean Ziegler. Ziegler hält auch Vorträge, geht auf Protestveranstaltungen und beteiligt sich an Aktionen. Während des G-8-Treffens in Heiligendamm hielt er eine Rede in der Stadtkirche von Rostock. Jüngstes Buch: *Wir lassen sie verhungern – Die Massenvernichtung in der Dritten Welt*, Gütersloh 2012.

108 Bisher sind etwa dreißig Stempel im Umlauf.
Georg Seeßlen, freier Publizist und Kinoexperte: Ein politisches System wie der Berlusconismus wäre niemals möglich ohne die willfährige Hilfe eines Heeres von „Medienarbeitern", die nichts dabei finden, als Stimme ihres Herrn zu lügen. Ein politisches System wie der Merkelismus, dessen Europäisierung uns nicht aus der Perspektive der Opfer, sondern aus der der Nutznießer erzählt wird, wäre nicht möglich ohne die willfährige Hilfe eines Heeres von „Medienarbeitern", die nichts dabei finden, „für uns" zu lügen. Georg Seeßlen: „Schlagloch von Georg Seeßlen- Die Clowns.", in taz: 10. März 2013

109 http://www.publiceye.ch/de

110 Die vielfältigen Aktivitäten von Christian Kuhtz haben Eingang gefunden in eine sehenswerte Ausstellung: „zur nachahmung empfohlen! expeditionen in ästhetik und nachhaltigkeit". Die Wanderausstellung war unter anderem in Hamburg und Berlin zu sehen.

111 Richard Sennett: *Civitas – Die Großstadt und die Kultur des Unterschieds*, Berlin 2009, S. 215

112 Vergleiche ebenda, S. 213

113 Welzer: *Klimakriege*, S. 270

114 Niko Paech, a. a. O.

115 Dieses Kapitel wurde zuerst leicht gekürzt auf Spiegel Online veröffentlicht. Siehe: http://einestages.spiegel.de/static/authoralbumbackground/22610/revolution_reloaded.html

BIOGRAFISCHE NOTIZ

ERNST VOLLAND, geboren 1946 in Bürgstadt/Miltenberg, aufgewachsen in Wilhelmshaven, lebt seit 1968 in Berlin. Studium der bildenden Kunst in Hamburg und Berlin, Meisterschüler. Seit 1975 freiberuflich tätig, Lehraufträge für Karikatur, Foto, Fotomontage an verschiedenen Hochschulen. In den siebziger und achtziger Jahren über hundert Ausstellungen mit Karikaturen und Fotomontagen, unter anderem in Lissabon, London, Florenz, Madrid, Athen und Luxemburg.

1969 erstes Buch *Doppelfenster* – Zeichnungen zu Gedichten von WP Menzel. Vier Kinderbücher mit eigenen Texten und Zeichnungen, gewidmet seinen Töchtern Lena und Janna. Zahlreiche Karikaturen, Fotomontagen und Plakate in diversen Büchern. Beschlagnahmungen und Prozesse im Zusammenhang einzelner Motive.

1981 zerstört die Berliner Polizei eine komplette Ausstellung von Ernst Volland. Er erfindet daraufhin den Maler Blaise Vincent, der rasch Erfolg hat.

1987 Gründung der Fotoagentur Voller Ernst – nur für komische und ungewöhnliche Fotos. In den neunziger Jahren Beiträge (auch als Schauspieler) für RTL (Jauch) und Sat.1, vor allem Fakes.

Herausgeber von Büchern über Fotografie, zum Beispiel:

Gefühl und Schärfe – Fotos für die TAZ, 1982; *Kurios und gnadenlos – Fotosatire heute*, 1984; *Furios und atemlos – Komische Fotos*, 1988; *Jewgeni Chaldej – Von Moskau nach Berlin*, 1994; *Kinski – Portraitiert von Beat Presser*, 2000; *Voller Ernst – Komische Fotos*, 2003; *Schwarz auf Weiß – Die wirklich komischsten Fotos*, 2006; *Voller Ernst – Komischste Fotos*, 2006; *Jewgeni Chaldej – Der bedeutende Augenblick*, 2008; *Das Banner des Sieges*, 2008; *Jewgeni Chaldej – Kriegstagebuch*, 2011

1999 Kurator der Ausstellung „Stalins Retuschen – Aus der Sammlung David King", London

2003 Kurator der Ausstellung „Genosse Gott – Stalin", Neuhardenberg

2005 Ausstellung im Deutschen Historischen Museum, Berlin: „Eingebrannte Bilder"

2006 Ausstellung in der Galerie Tammen, Berlin: „Eyes of Time", zusammen mit Capa, Chaldej, Lebeck, Bar-Am, Frajndlich

2007 Einzelausstellung im Alten Rathaus Göttingen: „Eingebrannte Bilder, Fakes, Plakate, Karikaturen, Zeichnungen"

2008 Kurator der Ausstellung „Der bedeutende Augenblick – Retrospektive des Fotografen Jewgeni Chaldej", Martin-Gropius-Bau, Berlin

2008 Ausstellung in der Galerie Tammen, zusammen mit Chaldej

2009 Ausstellung „Eingebrannte Bilder", Heinrich-Böll-Stiftung, Berlin, anschließend Stuttgart, Gera, Bremen

2009 Ausstellung „Bilder im Kopf – Ikonen der Zeitgeschichte", Haus der Geschichte, Bonn

2010 Ausstellung „Eingebrannte Bilder", Orangerie/Kunstsammlung Gera, Galerie Rabus, Bremen.

2011 „Visuelle Revolten-Schnitte durch die Plakat-Szene um 1968", Landesmuseum für Kunst und Kulturgeschichte, Münster

2011 „Unschärfe nach Gerhard Richter", Kunsthalle Hamburg Bernhard Blume, Bill Jacobson, Gerhard Richter, Ernst Volland u. a.

2011 *„Das XX. Jahrhundert-Menschen-Orte-Zeiten", Deutsches Historisches Museum, Berlin*

2011 Weinkulturhaus Bürgstadt/Main

2011 „Unter Bäumen – Die Deutschen und der Wald", Deutsches Historisches Museum, Berlin

2012 „Staeck/Volland – Kunst und Politik. Arbeiten aus vier Jahrzehnten." Willy Brandt Haus, Berlin

CASTS & CREDITS

Meine Schwester Christine und ihr Mann Lothar Böhler zeigen mir seit den 70er Jahren, mit großzügigen Zeitzuwendungen und regionalen Kenntnissen im Badischen, wie man mit Messer und Gabel umgeht. Das Besteck kann ich inzwischen bedienen. Die Auswahl der dazugehörigen Getränke überlasse ich weiterhin Lothar Böhler, der nicht nur etwas vom Wein versteht, sondern auch von den Reben, der Mühe des Weinberges und den Menschen, die dort arbeiten.

Auf entscheidende Kürzungen bestand Richard Grübling. Er überzeugte mich.

Klaus Volland war sofort bereit, das endgültige Manuskript durchzulesen und leichte Korrekturen anzubringen.

Horst Tomayer steuerte ohne Widerspruch sein Poem „Fahrradiebs-Halsgerichtsordnung" bei.

Rolf Disch stellte sich zu einem langen Interview zur Verfügung. Er redigierte es anschließend selbst, was mir viel Arbeit ersparte.

Die ersten Entwürfe des Manuskriptes, vor drei Jahren, las Christine Friedrich. Sie ermunterte mich weiter zu schreiben.

Ebenso ermunterte mich Hanna Petkoff.

Den Kontakt zum Verleger Peter Großhaus stellte Cornelia Stauss her.

Jürgen Roth danke ich für sein Lektorat.

Oft sitze ich an privaten und fremden Tischen. Ich danke allen, die mir zuhörten. Besonderen Dank Jacqueline Köster, die sich, wie sie sagt, mir zu Liebe das Kochen beigebracht hat.